el lenguaje administrativo y comercial

CONSUELO HERNÁNDEZ
BLANCA AGUIRRE

el lenguaje administrativo y comercial

SOCIEDAD GENERAL ESPAÑOLA DE LIBRERÍA, S. A.
MADRID

Colección: EL ESPAÑOL POR ÁREAS
Dirigida por: Aquilino Sánchez Pérez

Primera edición, 1984
Segunda edición, 1986
Tercera edición, 1988

Produce:
SGEL Educación
Marqués de Valdeiglesias, 5 - 28004 Madrid

I.S.B.N.: 84-7143-287-0
Depósito Legal: M. 13018 - 1988
Printed in Spain - Impreso en España

Compone: Raíz, S. A.
Imprime: Nueva Imprenta, S. A.
Encuaderna, F. Méndez

presentación

El presente título de El Lenguaje Administrativo y Comercial *de la colección "El Español por Áreas" sigue el esquema de la colección.*

Los textos presentados son originales o adaptados (artículos de periódicos o de revistas especializadas) y, asimismo, se incluye la reproducción de material y documentos auténticos a fin de conseguir la familiarización con los procedimientos operativos más frecuentes.

La adquisición y fijación de vocabulario específico se hace mediante explicitaciones, bien señaladas en negrita en el texto —en cuyo caso podrán consultarse en el Glosario Especializado al final del libro (en inglés, francés y alemán)— bien en palabras en cursiva cuya explicación aparece en la columna de la derecha o de la izquierda de la misma página y en líneas correlativas.

Todo ello completado con varios y diversos ejercicios con técnicas de comprensión, lectura, redacción y adquisición de vocabulario.

También se ha incluido en el apartado del Glosario la Terminología exigida para el examen de Español Comercial de la Cámara Oficial de Comercio e Industria de Madrid. Por último, hemos considerado conveniente incluir un apartado de siglas y abreviaturas más frecuentes en este sector.

I ORGANIZACIÓN ECONÓMICA

1. ORGANIGRAMA DEL MINISTERIO DE ECONOMÍA Y HACIENDA

La Secretaría del Despacho Universal fue dividida por el rey Felipe V, en el año 1705, en dos: "Una para

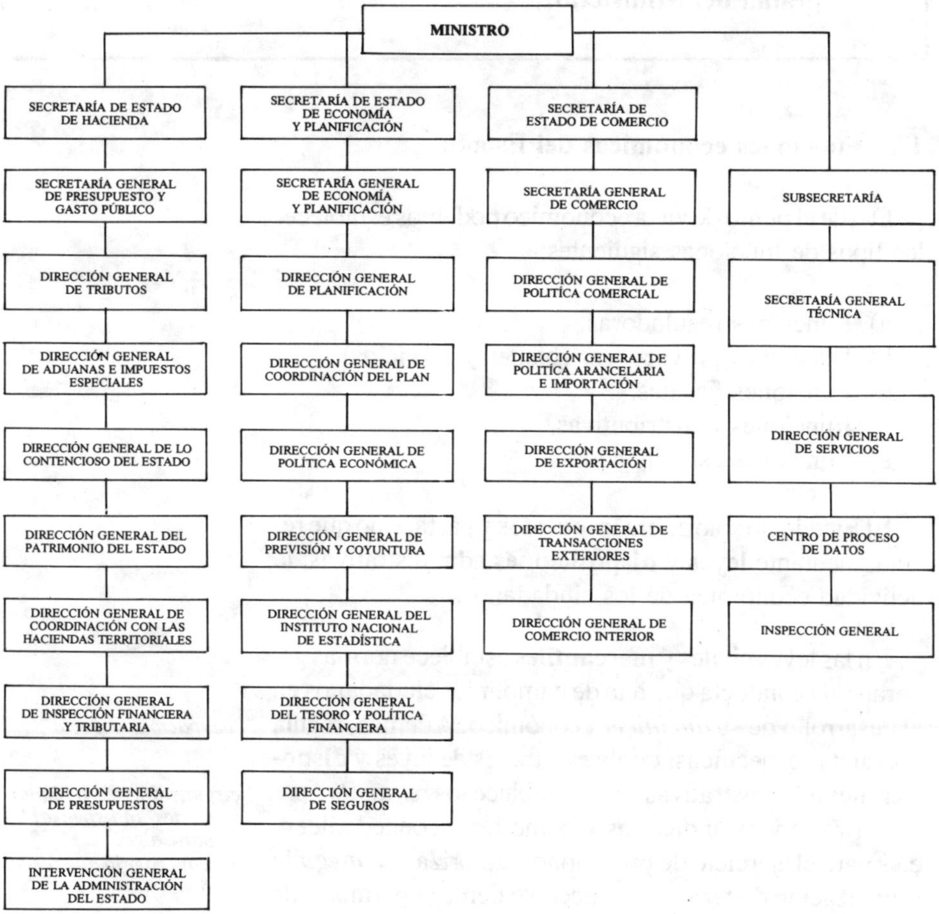

lo tocante y perteneciente a la Guerra y Hacienda; y otra para todo lo demás de cualquiera manera que fuese". Desde entonces existe la Secretaría del Estado para Hacienda, que más tarde se transformó en **Ministerio de Hacienda.**

EJERCICIO

- **Ejercicio de comprensión. Conteste a las siguientes preguntas:**
  - **— ¿Qué se dividió en 1705?**
  - **— ¿Quién realizó esa división?**
  - **— ¿Qué se transformó más tarde en Ministerio de Hacienda?**
  - **— ¿Recuerda alguno de los departamentos o secciones del organigrama del Ministerio?**

1.2. Funciones económicas del Estado

Desde el punto de vista económico podemos establecer los tipos de funciones siguientes:

a) Funciones reguladoras.
b) Funciones proveedoras (bienes y servicios).
c) Funciones fiscales.
d) Funciones redistributivas.
e) Funciones estabilizadoras.

El Estado no sólo cobra **impuestos** y gasta, sino que regula, mediante **leyes** y **disposiciones** administrativas, la actividad económica de los ciudadanos.

En las leyes civiles y **mercantiles** establece normas generales de conducta que han de cumplir los ciudadanos en el desarrollo de su *quehacer* económico. Además, regula conductas específicas, también a través de leyes y **disposiciones** administrativas. Así, establece los *requisitos* para abrir y operar industrias y comercios, concede licencias para el ejercicio de profesiones, autoriza o *deniega* la urbanización de terrenos, concede o deniega permisos de

ocupación, negocio

circunstancias o condiciones indispensables para algo

no conceder lo que se pide o solicita

construcción, regula las condiciones de contratación de trabajo...

sin traer consigo, sin implicar
acción de tomar parte en un asunto

Este conjunto de leyes y disposiciones administrativas, que *sin suponer* ingresos o gastos afectan a la actividad económica, son *intervenciones* reguladoras.

Por otra parte, el Estado facilita bienes y servicios públicos (defensa, trabajo, enseñanza), produce **bienes de consumo** o de **producción** (automóviles, agua, energía eléctrica), paga pensiones y otros **seguros sociales,** controla la **importación** y **exportación** de productos y **servicios**, y cumple otras muchas funciones.

impone un gravamen (impuesto)

Para financiar tan amplia gama de actividades, debe cobrar impuestos: *grava* los **ingresos** de las personas y los **beneficios** de las **sociedades (impuestos directos)** y el consumo de muchos productos cuyo precio de venta incluye un gravamen **(impuestos indirectos);** así ocurre con la gasolina, el tabaco, las bebidas alcohólicas, etc. También cobra **aranceles** por productos importados.

se convierten, dan como resultado
pertenecientes o relativas al presupuesto

Las actividades descritas, que en su mayoría *se traducen* en ingresos y gastos del Estado, pueden denominarse actividades *presupuestarias.*

repartir

Las funciones redistributivas son aquellas dirigidas a modificar la distribución de la renta o de la riqueza que resulta de la actividad económica entre las personas, regiones o colectivos. Al objeto de *redistribuir* renta, el Estado utiliza normas, leyes, regulaciones y también ingresos y gastos públicos.

crecer o disminuir los cambios o precios
descenso

Se denominan funciones estabilizadoras las que se proponen controlar los grandes agregados económicos, evitando excesivas *fluctuaciones* de los mismos. Las actividades dirigidas a estabilizar los precios, mantener o aumentar el nivel de empleo, reducir los efectos de las *caídas* de la actividad productiva o mejorar la **balanza de pagos** son de tipo estabilizador.

(Extracto de la *Enciclopedia de Economía.* Ediciones Orbis, vol. 9. Passim.)

EJERCICIOS

- **Resuma por escrito las "funciones económicas del Estado".**
- **Dé sinónimos de las siguientes palabras:**

  — ocurre
  — financiar
  — concede
  — amplía
  — denominarse
  — reducir
  — conducta

1.3. El sistema impositivo español

Impuestos directos	Sobre la renta	— Impuestos sobre la Renta de las Personas Físicas, — Impuesto sobre **Sociedades.**
	Sobre el capital	— Impuesto Extraordinario sobre el *Patrimonio* de las Personas Físicas, — Impuesto General sobre *Sucesiones.*
	Sobre el tráfico civil	— Impuesto sobre *Transmisiones Patrimoniales* y *Actos Jurídicos Documentados.*
	Sobre el tráfico mercantil (consumo)	— Impuesto sobre el **Tráfico de Empresas,** — Impuesto sobre el **Lujo,** — Impuestos Especiales, — **Monopolios** Fiscales, — Impuestos sobre el **Valor Añadido (IVA)** (en proyecto).
	Sobre el tráfico exterior	— Renta de Aduanas.

(*El lenguaje y los fundamentos económicos del marketing.* Enrique Ortega. Ed. ESIC.)

EJERCICIOS

- **A la vista del sistema impositivo español, haga un contraste con el sistema existente en su país.**

- **Escriba una frase con cada uno de los siguientes conceptos:**

Patrimonio **(conjunto de bienes de alguien adquiridos por herencia familiar o cualquier otro medio legal).**
Sucesiones **(herencia: hecho de suceder una persona a otra en la posesión de sus bienes).**
Transmisiones patrimoniales **(acción de dejar bienes en herencia.)**
Actos jurídicos documentados **(actos realizados por alguien voluntariamente de los que derivan derechos y obligaciones).**

ABRIL

VENCIMIENTOS EN EL MES

Día 25

Retenciones, Empresas en Estimación Directa
Trabajo Personal, Primer trimestre del año (Mod. 110)
Capital Mobiliario, Primer trimestre del año (Mod. 120)

Impuesto General Tráfico Empresas - Estimación Directa
Primer trimestre del año, empresas con cuota superior a 100 000 pts. en el año anterior.

Impuesto sobre el Lujo
Estimación Directa - Primer trimestre del año.

Del 1 de Marzo al 15 de Mayo
Impuesto Municipal Radicación
Locales de Empresas y Profesionales.

Del 1 de Marzo al 10 de Junio
Cuota positiva o cero

Impuesto sobre la Renta de las Personas Físicas
Declaración final

Impuesto sobre el Patrimonio
Declaración conjunta con Renta

SEGURIDAD SOCIAL......Tc-1 y Tc-2.—Tc. (Mod. 2/1)

IMPORTANTE: Estas disposiciones corresponden al año 1983; por tanto, ya que este calendario se imprime en el citado año, no nos responsabilizamos de las variaciones que pudiera haber.

2. LEGISLACIÓN

2.1. Derecho Administrativo: Es la rama del Derecho Público que *dicta* normas reguladoras de las instituciones sociales y de los actos de la **función ejecutiva** para la realización de los fines de utilidad pública. Se distingue entre a) Derecho Administrativo no científico y b) Derecho Administrativo científico.

da, pronuncia

Las fuentes del Derecho Administrativo son: la ley, la **costumbre,** los **reglamentos** y la **jurisprudencia.**

La ley es la norma jurídica *emanada* del poder legislativo. Cuando por razones de urgencia no se pueden *observar* las formalidades *prescritas* en la elaboración de las leyes, el gobierno dicta **decretos-leyes** para regular materias que son objeto de ley.

que procede

cumplir exactamente lo mandado

ordenadas, mandadas

Por debajo de las leyes están los decretos y las *órdenes ministeriales.*

disposiciones dictadas por un ministro para un caso particular

La costumbre en Derecho Administrativo se considera como acto de los administradores y el *derecho consuetudinario* se sustituye con las prácticas administrativas y con el *imperio* de los precedentes.

el que tiene su fundamento en la costumbre

acción de mandar con autoridad

El reglamento acomoda y ejecuta los preceptos del legislador. La jurisprudencia está contituida por decisiones de los tribunales administrativos.

EJERCICIO

- **Diga si el contenido de las siguientes frases es verdadero o falso:**
  - **Derecho Administrativo es la rama del Derecho Público que ejecuta las normas reguladoras de las instituciones sociales.**
  - **Se distingue entre Derecho Administrativo no científico y Derecho Administrativo científico.**
  - **La ley es la norma jurídica emanada del poder ejecutivo.**
  - **Las fuentes del Derecho Administrativo son: la ley, la costumbre, los reglamentos y la jurisprudencia.**

2.2. Derecho Mercantil: Es el conjunto de **principios, preceptos** y **reglas** que determinan y regulan las relaciones jurídicas que *engendra* el comercio. Desde los primeros tiempos de la Humanidad ha existido una determinada actividad *mercantil,* pero los primeros textos legales que regulan la materia mercantil son el Código de Hammurabi en Babilonia, el Código de Manú en la India y en Grecia las llamadas leyes Rodias. Éstas fueron adoptadas más tarde en Roma, regulándose aquí, además, otras materias de comercio en el Código de Justiniano y en el Digesto. Durante la Edad Media hay un gran *resurgimiento* de la vida mercantil, especialmente en las grandes ciudades de Alemania y del norte de Italia; el uso comercial va introduciéndose, y se hacen varias colecciones legislativas sistemáticas, como los **Estatutos** de Bolonia, Génova, Mantua, Bremen y Hamburgo. En España, en esta época, recogen disposiciones mercantiles el *Fuero Real,* el *Fuero Juzgo,* las *Partidas* y algunos **Fueros Municipales.** En tiempos modernos en todos los países existen Códigos especiales para la materia mercantil.

causa, ocasiona, origina

perteneciente o relativo al comercio

acción y efecto de resurgir (surgir de nuevo, volver a aparecer)

compilación de leyes

privilegios y exenciones que se conceden a una ciudad, provincia o persona

obra jurídica compuesta bajo la dirección de Alfonso X

El Derecho Mercantil tiene caracteres propios, como la internacionalidad y la seguridad y rapidez en **transacciones** y **contratos.** Se relaciona con el Derecho Civil y en cierta manera puede considerarse como una aplicación especial de sus principios.

EJERCICIO

- **Ejercicio de comprensión oral o escrito. Conteste a las siguientes preguntas:**

  — ¿Qué es el Derecho Mercantil?
  — ¿Cuáles son los primeros textos que regulan la materia mercantil?
  — ¿Qué leyes fueron luego adoptadas por Roma?
  — ¿Cuándo se da un resurgimiento de la vida mercantil?
  — ¿En dónde se hace notar con mayor fuerza?

2.3. El Código de Comercio español

El Código de Comercio vigente en España *fue promulgado* el 22 de agosto de 1885, *entrando en vigor* el 1 de enero del año siguiente. Tiene su antecedente en el Código de Comercio de 1829, que a su vez se inspira en el Código francés de 1807. El libro I del Código trata "De los comerciantes y del comercio en general". El libro II, "De los contratos especiales de comercio". El III, "Del comercio marítimo", y el IV, "De las **suspensiones de pagos,** de las **quiebras** y de las **prescripciones**". Su estructura *se resiente* de los mismos defectos que su modelo; por ejemplo, la *tendencia a considerar* todo el Derecho Mercantil como un Derecho de las obligaciones especiales del comercio. El Código *vigente propende* a regir todos los actos y operaciones mercantiles, cualesquiera que sean el estado o profesión de las personas que las celebren. Por eso se fija principalmente en la naturaleza de los actos o contratos, para atribuirles o no la calificación de mercantiles, con independencia de las personas que en ellos intervienen. De modo semejante al C.C., el Código de Comercio está afectado y completado por numerosas leyes especiales.

fue publicado formalmente
inició su vigencia, se aplicó
adolece
inclinación a estimar
que está en vigor y observancia
se inclina

(*Enciclopedia Labor,* passim).

EJERCICIO

- **Dé usted palabras de la misma raíz:**

— promulgar	**— quiebra**
— entrar	**— estructura**
— contrato	**— atribuir**
— suspensión	**— calificación**
— pago	**— independencia**

2.4. El contrato

Es un **acuerdo** o **convenio** de voluntades, entre dos o más personas, mediante el cual se establecen derechos y obligaciones entre las partes contratantes. Dichas partes pueden establecer las *cláusulas* y condiciones, siempre que no sean contrarias a la ley, moral u orden público. Según el C.C. español (art. 1.261), no hay contrato si no se dan los siguientes requisitos:

cada una de las disposiciones

a) consentimiento de los contratantes,
b) objeto *cierto* que sea materia de contrato,
c) causa de la obligación que se establezca.

auténtico, real

La función del contrato es la misma en el **tráfico** mercantil que en el civil, y esto explica que las normas ordenadoras de la teoría general del contrato (como acuerdo de voluntades dirigido a crear, modificar o extinguir obligaciones de dar, de hacer o de no hacer) sean comunes a los contratos civiles y a los mercantiles y hayan de ir a buscarse al Código Civil, a cuyas **disposiciones** (art. 1.254 y sigs.) *se remite* expresamente el artículo 50 del Código de Comercio.

se indica en un escrito otro lugar que puede interesar al lector

El contrato mercantil es la expresión *genuina* del tráfico de mercado. Es un acto de empresa, un acto jurídico que se realiza por el empresario con el *designio* de servir o realizar la finalidad peculiar de la empresa que *ejercita*.

pura, propia, verdadera, legítima

intención, idea

se dedica al ejercicio de un arte, oficio o profesión

EJERCICIOS

- **Señale con una X la opción correcta:**

— El contrato es un acuerdo o convenio de voluntades:

a) entre dos personas,
b) entre más de dos personas,
c) entre dos o más personas.

— Para que haya un contrato se necesita:

a) el consentimiento de los contratantes exclusivamente,
b) consentimiento de los contratantes, objeto cierto que sea materia de contrato y causa de la obligación que se establezca,
c) ninguno de los requisitos anteriormente citados.

— **El contrato:**

a) es uno de los principales instrumentos jurídicos de la circulación de bienes.

b) tiene poca importancia como instrumento jurídico de la circulación de bienes,

c) es el principal instrumento jurídico de la circulación de bienes.

- **Lea nuevamente la frase "cuando por razones de urgencia no se puedan observar...".**
Contraste el uso del indicativo y del subjuntivo en la frase, indicando —si es posible el uso de ambos modos— la diferencia de significado.

2.5. Clasificación de los contratos

Siendo el contrato el principal instrumento jurídico de la **circulación** de bienes, acaso el criterio más adecuado para *agrupar* los distintos tipos *contractuales* sea el que mira la función económica *perseguida* por cada uno de ellos. Siguiendo este **módulo** *cabe hablar de:*

reunir en grupo, apiñar
procedente del contrato o derivado de él
pretendida
es posible

a) **Contratos** de cambio, que *procuran* la circulación de la riqueza (bienes y servicios), ya sea dando un bien por otro, "do ut des" *(compraventa, permuta, cesión* de crédito, contrato estimatorio, suministro, operaciones *bursátiles),* ya sea dando un bien a cambio de un hacer o servicio, "do ut facias" (el transporte y los contratos de obra por empresa).

hacen diligencias para conseguir
por el que se entrega una cosa determinada
cambio
dejación o renuncia
relativo a la Bolsa

b) Contratos de *colaboración,* en los que una parte coopera con su labor al mayor desarrollo de la actividad económica **(empresa)** de la otra (contratos de comisión, de *mediación,* de agencia, de publicidad, de edición, cinematográficos, etc.).

trabajo con una o varias personas
acción de mediar

c) Contratos de **prevencion** de **riesgos,** en los que una parte *cubre* a la otra las consecuencias económicas de un determinado riesgo (el seguro en todas sus clases).

procurarse una garantía contra cualquier responsabilidad

guardar con cuidado y vigilancia

por lo menos, como mínimo

da, otorga

d) Contratos de conservación o *custodia* de cosas (el **depósito**).

e) Contratos de crédito, en los que *al menos* una parte *concede* crédito a la otra (**préstamo,** la **cuenta corriente** y los contratos bancarios en general).

f) Contratos de **garantía,** dirigidos a asegurar el cumplimiento de obligaciones (**fianza, prenda** e **hipoteca**).

(*Curso de Derecho Mercantil.* Cámara de Comercio e Industria. Madrid.)

En la capital de *Madrid,* a *primero,* de *enero* de *mil novecientos ochenta,* reunidos D. *Luis Gutiérrez Molinos* y D. *Ernesto Pérez Sánchez,* vecinos de esta capital, mayores de edad y sin tacha alguna para obligarse, conciertan, otorgan y se comprometen a cumplir las siguientes

ESTIPULACIONES

1.ª D. *Luis Gutiérrez,* dueño de la fábrica de paraguas, sita en la calle de *Huertas,* núm. *1,* cede dos huecos de su tienda a D. *Ernesto Pérez* para que establezca sus oficinas.

2.ª D. *Luis Gutiérrez* abonará a D. *Ernesto Pérez* la cantidad de *cuarenta mil* pesetas mensuales por el subarriendo de los dos huecos citados en la cláusula anterior, y el abono se hará efectivo por mensualidades adelantadas, si bien, al instalarse en ellos, satisfará un trimestre y la fianza equivalente a una mensualidad. Este contrato tendrá un plazo de *diez años* de duración, prorrogable si conviniere a ambos.

3.ª La fianza a que se refiere el párrafo anterior no será devuelta al arrendatario si éste se despidiera antes del plazo de un año.

4.ª Las obras que se lleven a cabo para la conveniente separación de la fábrica y de las oficinas serán de cuenta del *arrendatario.*

5.ª Si el arrendador dejara su negocio y el arrendatario se viese precisado a abandonar el local de que disfruta, según este contrato, aquél indemnizará a éste con la cantidad de *doscientas mil pesetas.*

6.ª Sirven de testigos, en este acto, los comerciantes establecidos en *Madrid,* D. *Jerónimo Alonso* y D. *Antonio Suárez,* que viven en *Delicias, 3,* y *Labrador, 5,* de esta capital, respectivamente.

Del presente contrato privado, que podrá elevarse a escritura pública siempre que lo desee alguno de los contratantes, se hacen dos ejemplares, que, debidamente firmados y rubricados, guardan los señores *Gutiérrez y Pérez.*

En prueba de conformidad firman el presente contrato en *Madrid,*

a .... de .... de ....

Arrendador, Arrendatario,

Testigo, Testigo,

Modelo de contrato privado

3. ENTIDADES Y SERVICIOS FINANCIEROS

3.1. Estructura del sistema financiero español

El sistema *financiero* español está formado por: la **banca comercial,** las **Cajas de Ahorro,** las *entidades oficiales de crédito* y *el mercado de emisiones.* Hay otras instituciones, como las **Cajas Rurales de Ahorro** y las **compañías de seguros,** los organismos de seguridad social que realizan operaciones *crediticias,* pero tienen una importancia menor y además la mayor parte de sus actividades financieras se desarrollan *a través del* mercado de emisiones.

perteneciente o relativo a la Hacienda Pública
organismos
conjunto de títulos o efectos públicos creados para ponerlos en circulación
relativas a créditos
por medio del

El mercado de *emisiones,* sobre todo en comparación con otros países, tiene poca importancia. Por el contrario, las Cajas de Ahorro tienen una gran importancia. El ahorro español tiene una *marcada* preferencia por el **depósito,** más que la **inversión** *mobiliaria.* Un nuevo fenómeno *ha adquirido* gran importancia en España, se trata de la entrada de capital extranjero. Este hecho, que *implica* una cooperación técnica y financiera entre españoles y extranjeros, puede ser más *fructífero* para el desarrollo de la economía española, ya que *amplía* el mercado de capitales.

conjunto de títulos o valores que de una vez se crean para ponerlos en circulación
señalada
se aplica a los efectos públicos o valores transferibles por endoso
ha llegado a tener
que lleva en sí
que produce fruto
extiende, dilata

El Banco de España es el elemento central del sistema financiero español, si bien no *detenta* el control de las **reservas** internacionales, función que corresponde a

retiene

una institución distinta: **el Instituto Español de Moneda Extranjera,** organización a través de la cual se realizan los **pagos** y **cobros** con el exterior.

Al ministro de Hacienda, y de acuerdo con el Consejo de Ministros, corresponde:

— dictar las normas de actuación para el Banco de España,

acomodarse, conformarse

— dictar las normas a que ha de *ajustarse* el Banco en el ejercicio de sus funciones respecto a la disciplina e inspección de la banca privada,

que pueden o deben aplicarse

— fijar los **tipos de interés** *aplicables* en las operaciones del Banco,

determinar, decidir

desprendimiento

— *acordar* la actuación del Banco en cuanto a la adquisición y *enajenación,* por su cuenta, de **valores y efectos** en **mercado abierto,**

tiempo durante el cual rige una ley de presupuestos

— aprobar el **balance** y cuentas del *ejercicio* del Banco de España.

establecimiento que sirve de ampliación, etc., del cual depende

de valores o efectos comerciales de curso legal

También dependen del Ministerio de Hacienda los Institutos de Crédito y las Cajas de Ahorro. Así como la aprobación del establecimiento de nuevas *sucursales* de la banca privada, **interés** y condiciones de sus operaciones, sociedades *de cartera,* **bolsa de valores** y **ventas a plazo.**

EJERCICIO

- **Conteste, oralmente o por escrito, las siguientes preguntas:**

  — ¿Qué tres organismos forman el sistema financiero español?
  — ¿Existe algún otro organismo que realice operaciones crediticias?
  — ¿Qué tiene más importancia en España, el mercado de emisiones o las Cajas de Ahorro?
  — ¿Cuál es el elemento central del sistema financiero español?
  — ¿A través de qué organización se realizan los pagos y cobros con el exterior?
  — ¿Se acuerda de las funciones del ministro de Hacienda?

3.2. Banco de España

perteneciente o relativo a la moneda
el que da consejo o dictamen

Se ha convertido en una institución oficial. Su función principal es, pues, la de ser instrumento de la política *monctaria* del Gobierno y, por lo tanto, ser colaborador de éste, informador y *asesor*. Sin embargo, la función que realiza es más técnica y de ejecución, pues, tal y como se afirma en el preámbulo de la ley, al no aceptar el Estado Español el principio de neutralidad económica, la autoridad monetaria no puede ser delegada en

banco emisor de moneda

el *banco de emisión,* sino ejercida permanentemente

BALANCE SECTORIZADO RESUMIDO (En millones de pesetas)	Saldos al 31-12-82	Variaciones s/31-12-1981
ACTIVO		
ACTIVOS EXTERIORES	920.111	−259.790
TESORO PUBLICO	2.228.959	883.059
ORGANISMOS PUBLICOS	236.779	−50.626
CREDITOS Y PRESTAMOS A ENTIDADES DE DEPOSITO	545.664	140.024
CARTERA DE VALORES	214.317	−15.176
PARTICIPACIONES, CONTRIBUCIONES Y CUOTAS EN ORGANISMOS INTERNACIONALES	99.079	12.323
INMOVILIZADO	6.531	1.303
DIVERSAS CUENTAS DEL ACTIVO	314.406	152.315
AJUSTES POR PERIODIFICACION	61.833	27.032
TOTAL	**4.627.679**	**890.464**
PASIVO		
PATRIMONIO INICIAL	228	–
REGULACION POR MODIFICACION DEL PRECIO DEL ORO	240.501	−52.868
FONDOS DE PREVISION	22.607	−18.146
BILLETES EN CIRCULACION	1.671.655	202.136
PASIVOS EXTERIORES	4.732	1.755
ORGANISMOS INTERNACIONALES	83.640	−5.375
DERECHOS ESPECIALES DE GIRO ASIGNADOS	26.494	–
DEPOSITOS	2.089.660	790.487
De ellos:		
Entidades de Crédito y Ahorro	(696.827)	(234.590)
Depósitos Obligatorios D. L. 22/60 de 15-12 (remunerados)	(397.156)	(48.998)
Certificados regulación monetaria	(942.571)	(514.303)
SECTOR PUBLICO	245.329	−103.862
INTERESES, AMORTIZACIONES Y OTRAS OBLIGACIONES A PAGAR	27.139	12.095
DIVERSAS CUENTAS DEL PASIVO	44.534	17.874
RESULTADOS	130.985	6.526
AJUSTES POR PERIODIFICACION	40.175	39.842
TOTAL	**4.627.679**	**890.464**

(*) El Balance y la Cuenta de Resultados son provisionales, al estar pendientes de aprobación por el Gobierno, en los términos previstos en el art: 10,e) del Decreto Ley 18/1962, de 7 de junio.

(Balance del Banco de España, 1982.)

por el Gobierno a través del Ministerio de Hacienda. Se convierte en el banco emisor único, *se le encomienda* la inspección de la banca privada, ejerce el servicio de la **Tesorería del Estado.** Se ha querido que se convirtiese en "el banco de bancos", o regulador central de los créditos. Fija el tipo y límites de *redescuento* a la banca privada.

se le encarga de

nuevo descuento de valores o efectos mercantiles

EJERCICIO

- **Explique el significado de las siguientes palabras:**

  — **función**
  — **instrumento**
  — **convirtiese**
  — **fija**
  — **permanentemente**

3.3. Bancos

Los bancos son establecimientos que concentran y regulan las **operaciones de crédito.** El comercio bancario, de origen antiquísimo (Babilonia, Egipto, Grecia), debe su nombre precisamente a que se establecían bancos para realizar las transacciones y cuando uno de estos **banqueros** dejaba de actuar se destruía el banco sobre el que trabajaba; de ahí "la **bancarrota**". Durante la Edad Media se desarrolló de forma espléndida, especialmente en las ciudades italianas, y desde ellas se extiende al resto de Europa.

La ley española de Ordenación Bancaria, de 31 de diciembre de 1946, establecía el régimen de esta clase de empresas y, posteriormente, se promulgó la ley de Bases de Ordenación del Crédito y de la Banca, el 14 de abril de 1962, desarrollada por tres decretos-ley de 7 de junio de 1962.

Podemos distinguir las clases de bancos siguientes:

a) clases de valores con que operan: **bancos de crédito personal** y los de **crédito real,**

b) clases de **operaciones:** los de emisión, **depósitos, descuento,** de **crédito,**

c) carácter: oficiales, nacionales, privados.

EJERCICIO

- **¿Qué diferencia existe entre...**
  - **— banco-banca?**
  - **— ley-resolución?**
  - **— oficial-nacional?**
  - **— banco de emisión-banco de crédito?**

3.4. Operaciones bancarias

DEPÓSITOS BANCARIOS:

caudal, dinero

el que hace el depósito en el banco

haga uso

ver con anticipación, conjeturar lo que ha de suceder

Son los *fondos* dejados por la clientela a disposición de los bancos. El *depositante* tiene que admitir que el banco *disponga* de esos fondos depositados según las necesidades del mismo. A su vez, el banco deberá *prever* que el depositante pueda retener parte o todo el dinero que le ha sido depositado en el momento que crea conveniente. Estos depósitos son el recurso principal de los bancos, pero, a su vez, el depositante consigue ciertas ventajas. Por una parte, el servicio que le ofrece el banco para el cobro y pago de sus deudas, la posibilidad de obtener financiación por parte de su banco, la seguridad frente al robo, incendio, etc., así como la gestión de valores mobiliarios.

APERTURA DE UNA CUENTA BANCARIA:

La relación entre el banquero y su cliente se inicia mediante la operación de *apertura* de una **cuenta bancaria.** Esta operación es consecutiva a un primer depósito de fondos por parte del cliente, es decir, a una **imposición** o **ingreso.** El solicitante *suscribe* un **impreso** en el que *consigna* sus datos personales, aceptando las condiciones impuestas por los bancos según los estatutos y reglamentos que regulan la situación jurídica que acaba de crearse.

acción de abrir

firma al pie o al final de un escrito

expresar por escrito

MOVIMIENTO Y DISPOSICIÓN DE UNA CUENTA:

Las cuentas bancarias funcionan con dos columnas para hacer *anotaciones:* el **Debe** y el **Haber.**

acción y efecto de anotar

En la columna del Debe se anotarán:

— retiradas de fondos por parte del cliente,

— los pagos dc los cheques o transferencias por él emitidos,

— las **letras** a su cargo que él domicilie,

— la compra de *títulos.*

cierto documento que representa deuda pública o valor comercial

En la columna del Haber aparecerá:

— las imposiciones del *titular,*

persona que figura como propietario

— las imposiciones de *terceros,*

otra persona que no sea el titular

— las transferencias a su favor,

— las remesas de letras de cambio,

— el producto de las ventas de títulos,

— los ingresos de cupones.

TÍTULOS DE CUENTAS:

Tenemos que marcar la diferencia entre una **cuenta corriente a la vista,** una **cuenta de ahorro** y una **cuen-**

adquieren derecho al percibo de intereses

ta de imposición a plazo. Con independencia de los distintos tipos de interés que *devengan,* existe una diferencia.

Cuenta corriente a la vista: Se trata de un contrato por el cual el banquero recibe fondos procedentes de un cliente, el banco podrá disponer de ellos para sus operaciones, y éstos pueden, en cualquier caso, verse incrementados o reducidos según las operaciones realizadas, bien en efectivo o mediante **cargos** o **abonos.** El cuentacorrentista no está facultado para girar al *descubierto.* Esta cuenta corriente devenga un **interés** mínimo.

dícese de la operación mercantil que se hace sin tener disponible la cosa o el precio

resumen que se hace de un escrito

El banco suele enviar mensualmente un *extracto* de la cuenta al cliente, con anotaciones de las partidas y del saldo. El titular de la cuenta puede cancelarla en cualquier momento.

Las libretas de ahorro: Se nutren del dinero procedente del ahorro individual y familiar. El

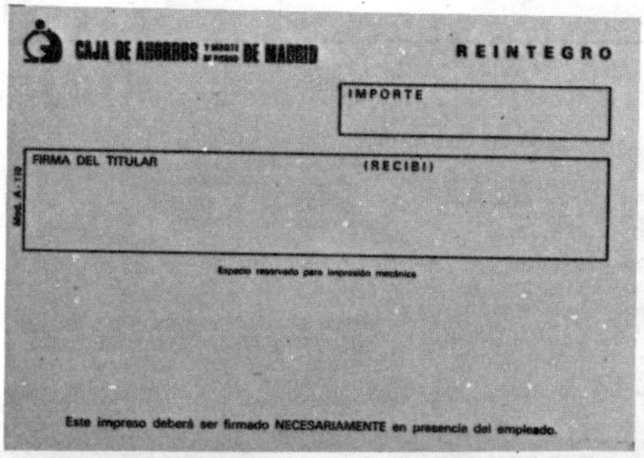
CAJA DE AHORROS Y MONTE DE PIEDAD DE MADRID

REINTEGRO

IMPORTE

FIRMA DEL TITULAR (RECIBI)

Espacio reservado para impresión mecánica

Este impreso deberá ser firmado NECESARIAMENTE en presencia del empleado.

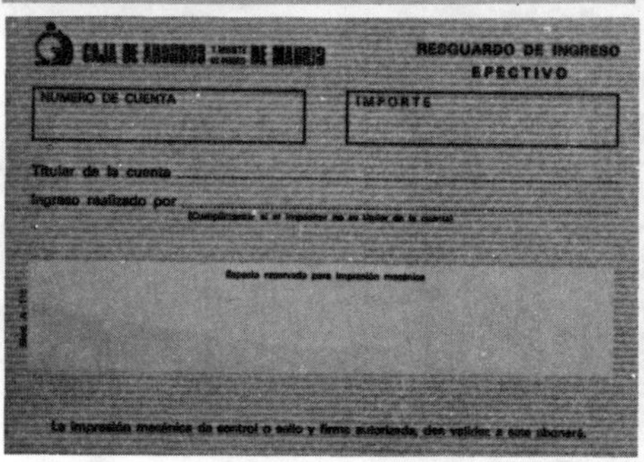
CAJA DE AHORROS Y MONTE DE PIEDAD DE MADRID

RESGUARDO DE INGRESO EFECTIVO

NUMERO DE CUENTA

IMPORTE

Titular de la cuenta

Ingreso realizado por

Espacio reservado para impresión mecánica

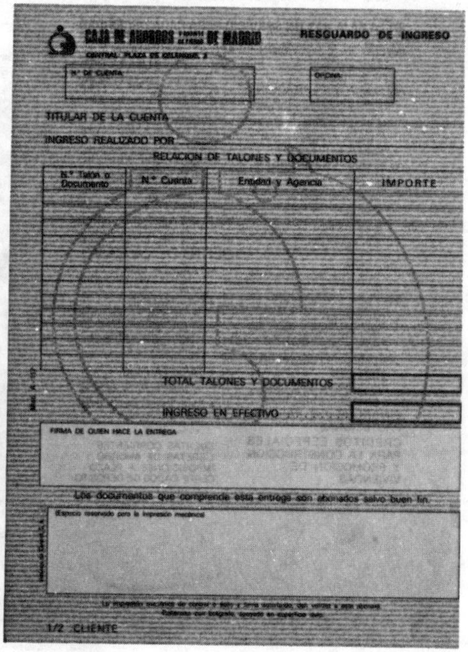
CAJA DE AHORROS Y MONTE DE PIEDAD DE MADRID

RESGUARDO DE INGRESO

N.º DE CUENTA

OFICINA

TITULAR DE LA CUENTA

INGRESO REALIZADO POR

RELACION DE TALONES Y DOCUMENTOS

N.º Talón o Documento	N.º Cuenta	Entidad y Agencia	IMPORTE

TOTAL TALONES Y DOCUMENTOS

INGRESO EN EFECTIVO

FIRMA DE QUIEN HACE LA ENTREGA

Los documentos que comprende esta entrega son abonados salvo buen fin.

1/2 CLIENTE

banco abona un interés superior al de la cuenta corriente.

Las anotaciones correspondientes a estas cuentas se llevan en los libros del banco y en una libreta que con este fin se entrega al cliente y que constituye un título *nominativo* e intransferible.

que ha de extenderse a nombre o a favor de uno

Las imposiciones a plazo fijo: Tienen una fecha de *vencimiento,* antes de la cual no se puede disponer de su importe. Los intereses devengados son acumulados al capital para producir nuevos intereses. La retirada del capital al vencimiento puede ser total o parcial. También puede *pignorarse* la imposición en garantía de una **cuenta de crédito,** por un importe igual a su saldo y con plazo de vigencia hasta su vencimiento.

cumplimiento del plazo de una deuda, obligación...

dar o dejar algo en garantía de un préstamo o del cumplimiento de una obligación

EJERCICIO

- **En forma de esquema o cuadro sinóptico, represente el contenido de este apartado.**

3.5. Otros servicios

3.6. Valores

Servicios del banco en relación con valores:
— Suscripción y emisión de valores.
— Operaciones en Bolsa.
— Servicio de depósito y administración de títulos.
— Alquiler de cajas de seguridad.

3.7. La Bolsa

Es el lugar en el que las empresas y el Estado se relacionan con las personas que están interesadas en comprar los **títulos** directamente. Una vez que las empresas o el Estado han recibido el dinero y han otorgado a cambio los títulos, se dice que éstos han sido colocados. Los títulos son como una mercancía que se compra y se vende. El mercado de títulos, una vez que han sido colocados, se llama mercado secundario. Hubo un tiempo en el que todos los que estaban interesados en comprar o vender títulos empezaron a reunirse en un sitio fijo, como un café o una plaza. Era un mercado pequeño en el que todos se conocían y así era difícil el engaño. Así surge la necesidad de un mercado organizado de títulos con unas reglas y unos intermediarios oficiales especializados que garantizan y dan seguridad a los intercambios. Este mercado organizado de títulos es la Bolsa. Todas las operaciones se canalizan a través de los **agentes** o miembros oficiales. En España hay cuatro mercados de este tipo: en Madrid (es el más importante y realiza prácticamente el 70 % de las compras y ventas de todo el mercado nacional), Barcelona, Bilbao y Valencia. Las **transacciones** *se realizan* en un lugar fijo, llamado parquet, y a una hora determinada. El tiempo durante el cual se cruzan las operaciones de compra y venta se llama sesión y solamente pueden actuar como intermediarios los **Agentes de Cambio** y **Bolsa.** El agente se hace responsable de las operaciones ante el **cliente** y tiene un código de honor muy estricto. Para llegar a ser agente es necesario pasar unas pruebas que demuestran la capa-

se llevan a cabo, se efectúan

cidad y conocimientos de las **reglas** del mercado y, una vez aprobadas estas pruebas, deben depositar una cantidad de dinero como **garantía.**

EJERCICIO

- **Conteste las siguientes preguntas:**
  - **— ¿Qué es la Bolsa?**
  - **— ¿Cuándo se dice que los títulos "han sido colocados"?**
  - **— ¿Qué función desempeñan los agentes?**
  - **— En España hay cuatro mercados, ¿recuerda dónde están? ¿Cuál es el más importante?**
  - **— ¿Cómo se llama el lugar en donde se realizan las transacciones?**
  - **— ¿A qué se llama sesión?**
  - **— ¿Qué se necesita para llegar a ser agente de Bolsa?**

¿QUE COMPRAR?

ACCIONES. Hay 500 compañías cuyas acciones cotizan en Bolsa, de las cuales 80 son las de mayor mercado. Durante 1981, las acciones dieron un rendimiento medio del 34 por 100 por todos los conceptos. 1982 está siendo un año menos brillante, pero algunas acciones han seguido siendo una alternativa rentable.

OBLIGACIONES. Que una empresa nos adeude dinero puede producirnos grandes beneficios. El mercado es amplio y conviene elegir los valores más rentables y seguros.

DEUDA PUBLICA. El emisor es el Estado y cuenta con su garantía. Invertir en Deuda es muy seguro y rentable. En 1982 la rentabilidad ha sido del 12,75 por 100 sin considerar desgravación fiscal y 18,50 por 100 con desgravación.

PAGARES DEL TESORO. Si quiere una inversión a corto plazo, segura y rentable, nada mejor que los pagarés. La garantía es la del Estado y el plazo, de 6 meses a un año. En noviembre de 1982, la rentabilidad ha sido del 15,5 por 100.

LOS PAGARES DE EMPRESA Y LAS LETRAS BURSATILES. Son también títulos a corto plazo de alta rentabilidad. Esta se sitúa entre un 15 y un 16,25 por 100, en noviembre de 1982 y las empresas y bancos que garantizan el pago son de los más solventes del país.
También en la Bolsa, como en otros mercados, se puede comprar y vender a crédito pagando una entrada inicial mediante el sistema de **CREDITO AL MERCADO** que se aplica a una selección de valores de renta fija y variable.
Y esto no es todo. La inversión en Bolsa tiene buenas ventajas fiscales. Tanto si compramos Deuda Pública como Obligaciones o Acciones, podemos conseguir desgravaciones en el pago de nuestros impuestos.

POR ESO, para cuando hay un **AHORRO, la bolsa** es una **BUENA SOLUCION.**

EJERCICIO

- **Diseñe un cuadro sinóptico diferenciando los conceptos de acción, obligación, deuda pública, etc.**

BOLSA DE MADRID
INDICES DE COTIZACION
Mes de Junio

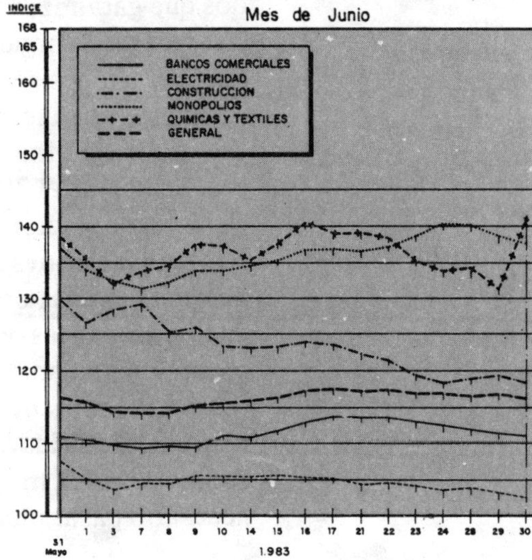

4. PROTECCIÓN JURÍDICA DE UN PRODUCTO

4.1. Registro de la Propiedad Industrial

Es un organismo autónomo adscrito al Ministerio de Industria creado por la ley 17/1975, de 2 de mayo ("B.O.E." de 5 de mayo 1975), "El destino de la propiedad industrial va íntimamente *ligado* al de la industria y, en definitiva, al del desarrollo económico de un país, ya que las invenciones industriales de un país determinan su grado de desarrollo tecnológico, y los signos distintivos del comerciante o industrial *coadyuvan* fundamentalmente al objetivo final de toda actividad industrial, cual es la comercialización de los productos".

unido, enlazado

contribuye o ayuda

Es una **entidad** estatal autónoma, con *personalidad jurídica* y autonomía económica y administrativa, dotada de la suficiente flexibilidad que permita la adaptación a la constante evolución de este organismo en forma análoga a la *arbitrada* en otros países de organización administrativa similar a la de España.

calidad o representación con que alguien interviene en un asunto

decidida

Entre sus fines y funciones tenemos:

1) Reconocimiento y mantenimiento de la protección *registral* a las diversas manifestaciones de la propiedad industrial (invenciones, creaciones de forma y signos *distintivos).*

mediante registro

cualidad que caracteriza una cosa

2) Difundir de forma periódica la información tecnológica objeto de registro.

3) Aplicar, dentro de su competencia, los convenios internacionales en materia de **propiedad industrial.**

4) *Promover* iniciativas y desarrollar actividades para un mejor conocimiento y adecuada protección de la propiedad industrial.

dar principio a una cosa o procurar su adelantamiento

5) Informar sobre los proyectos de ley y demás disposiciones que hayan de dictarse en materia de propiedad industrial.

Para cumplir estos fines y funciones, el Registro de la Propiedad Industrial está organizado y cuenta con los siguientes Departamentos:

a) Departamento de Patentes y Modelos.
b) Departamento de Signos Distintivos.
c) Departamento de Información Tecnológica.
d) Departamento de Estudios y Relaciones Internacionales.

EJERCICIOS

- **¿Cómo podría definir el Registro de la Propiedad Industrial?**
- **¿Se acuerda usted de sus fines y funciones?**
- **¿Con qué Departamentos cuenta?**

REGISTRO DE LA PROPIEDAD INDUSTRIAL
Panamá, 1 — Teléf. 458 22 00 — MADRID-16

BUSQUEDA DE ANTECEDENTES REGISTRALES DE SIGNOS DISTINTIVOS
(Epigrafe 12. · O.M. 21-8-80)

Nombre .... Fecha ....
Domicilio .... D.P. ....
Ciudad .... Teléf. ....

☐ IDENTIDADES (Para todas las clases y modalidades)

☐ PARECIDOS (Para las clases y modalidades) (1) y (2)

GRAFICO

DENOMINACION:

(1) CLASES PARA LAS QUE SE SOLICITA:

(2) MODALIDADES DE PROPIEDAD INDUSTRIAL PARA LAS QUE SE SOLICITA:
☐ Marcas ☐ Nombres Comerciales ☐ Rótulos de Establecimiento

LIQUIDACION ....

FIRMA PETICIONARIO, RECIBI: PETICIONARIO, CONFORME: CAJA,

1. PEDIDO

4.2. Patentes y marcas

La propiedad industrial de un producto puede quedar protegida por una **patente** de invención, una **marca,** un **diseño** o un modelo.

4.2.1. Patente de invención

Es un título entregado por el Estado, mediante el cual la persona física o moral que pretende haber hecho una invención queda protegida.

Boletín Oficial

Boletín Oficial del Estado

Pero la ley no crea la propiedad industrial, se limita a reconocer y regular el derecho del descubridor o creador, así como del productor, fabricante o comerciante. La protección dispensada por el Estado da derecho al uso de la palabra registrada. La patente queda regulada por el Registro de la Propiedad Industrial. En tanto una patente no aparezca mencionada como tal y registrada en el *B.O.* de la Propiedad Industrial no tendrá carácter oficial, pero antes aparecerá en el *B.O.E.,* sin lo cual no se podrá insertar en el de la Propiedad Industrial.

suple a otra principal

que atañe

También se entrega un certificado adicional, que es una patente *subsidiaria* subordinada a la principal y *concerniente* a los cambios, perfeccionamientos o adiciones que puede sufrir el invento o producto. La patente tiene una vida limitada si el titular no paga anualmente la **renta** o **censo,** denominado anualidad. La doctrina jurídica internacional sobre patentes dice que un nuevo empleo no es patentable. La novedad que la ley exige para que un producto o invento pueda patentarse es que sea novedad absoluta. La posesión de una patente válida entraña un derecho exclusivo de fabricación y un derecho exclusivo de venta.

concede

También existe la Patente de Introducción, que *confiere* a los concesionarios el derecho de fabricación, producción de un determinado producto en el país, pero no impide que otros introduzcan objetos similares del extranjero.

EJERCICIOS

- **Complete estas frases insertando el verbo en el tiempo que corresponda:**
  - **— En tanto una patente no aparezca mencionada no ....**
  - **— Si una patente no .... mencionada.**
  - **— Hasta que una patente ....**
  - **— Cuando una patente ....**

  En caso de poder poner el verbo en indicativo y subjuntivo, indique qué diferencia existe.

- **Ponga el tiempo del verbo en indicativo o subjuntivo, según corresponda:**
  - **— La ley exige que el producto .... novedad (ser).**
  - **— Eso es necesario para que un producto .... patentarse (poder).**
  - **— Hasta que no .... en el B.O. de la Propiedad Industrial no tendrá carácter oficial (aparecer).**
  - **— Nos impidieron que .... objetos similares del extranjero (introducir).**

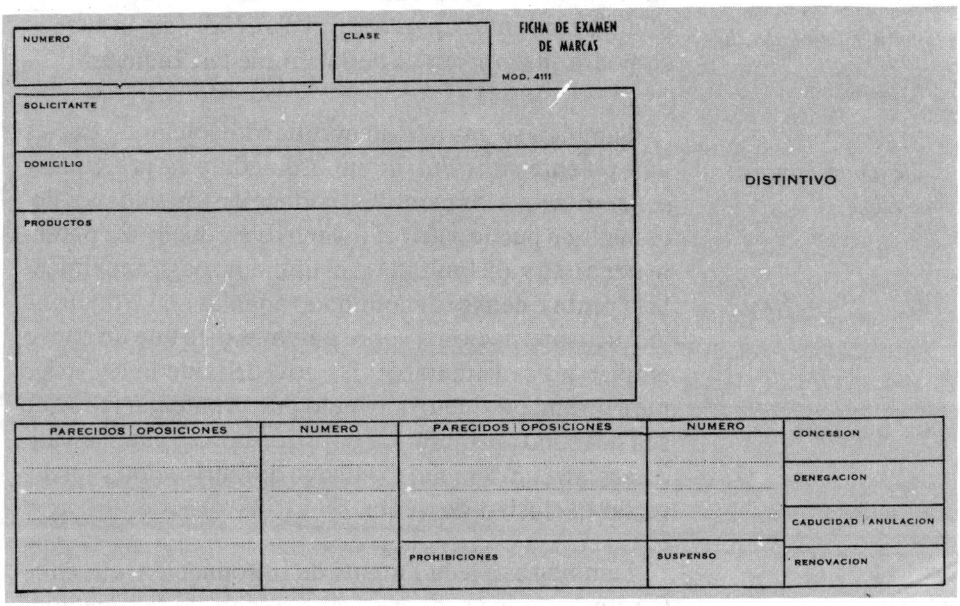

FICHA DE EXAMEN
DE MARCAS

MOD. 4111

NUMERO

CLASE

SOLICITANTE

DOMICILIO

PRODUCTOS

DISTINTIVO

PARECIDOS | OPOSICIONES

NUMERO

PARECIDOS | OPOSICIONES

NUMERO

PROHIBICIONES

SUSPENSO

CONCESION

DENEGACION

CADUCIDAD | ANULACION

RENOVACION

4.3. Marcas de fábrica y de comercio

diferenciar

La marca es todo signo que sirve para *distinguir* los productos de una fábrica y los objetos de un comercio. El título III de los **Estatutos** de la Propiedad Industrial trata, en España, de las marcas. La propiedad de una marca se adquiere voluntariamente, ya sea por uso o por depósito. Éste no es obligatorio: basta el uso público de la marca. Pero el depósito es necesario para gozar de la protección oficial.

firmantes

Las marcas registradas en España pueden serlo en todos los países *signatarios* del Convenio de la Unión, por mediación de la Oficina Internacional de Berna. Varias semanas después de haber sido registrada una marca se publica, a título informativo, en el Boletín Oficial de la Propiedad Industrial. El registro de una marca en España se otorga por un período de veinte años. Las marcas pueden ser de:

unión de dos
recipiente

— Estructura: marcas **denominativas, gráficas,** *combinadas,* de *envase.*

— Objeto: marcas de fábrica, comerciales, de servicios.

— Alcance de uso: individuales, colectivas (ésta es también la denominación de origen).

Una marca se considera buena si posee estas características:
— fácil pronunciación,
— se recuerda bien,
— está registrada,
— es *evocadora.*

que trae (algo) a la memoria o a la imaginación

4.4. Modelos y dibujos industriales y artísticos

Modelo industrial es todo objeto que pueda servir de tipo para la fabricación de un producto y que se pueda describir por sus estructuras, *configuración,* ornamentación o representación. **Dibujo industrial** es el conjunto de líneas, de líneas y colores o de colores aplicables con un fin comercial a la *ornamentación* de un producto, empleándose cualquier medio manual, necesario, químico o combinado.

disposición particular

acción y efecto de adornar

El capítulo III del título IV de los Estatutos sobre la Propiedad Industrial trata de los modelos y dibujos industriales.

La protección de la ley a los mismos dura diez años. Las condiciones principales de validez de un modelo depositado son:

— novedad del modelo en el momento de la creación,
— ausencia de causa o efecto técnico debidos a la configuración adoptada.

4.5. Otros Registros

Registro General de la Publicidad, que tiene por objeto la inscripción de los sujetos y determinados actos publicitarios (**agencias** de **publicidad,** etc.)

Registro General de Exportadores y el Registro Especial de Exportadores.

Registro de **Inversiones Extranjeras.**

Registro Mercantil para la inscripción de empresas mercantiles y comerciales, los buques y las aeronaves, actos y contratos.

EJERCICIO

- **Prepare una conferencia hablando acerca de lo que ha leído en este capítulo.**

5. TIPOS DE SOCIEDADES MERCANTILES

Una **sociedad mercantil** es aquella sociedad nacida a través de un contrato por el que "dos o más personas se obligan a poner en común bienes, industrias o alguna de estas cosas *con ánimo de* partir las ganancias" obtenidas mediante el ejercicio del comercio; se formaliza en *escritura pública* y se inscribe en el Registro Mercantil.

con intención de

instrumento público otorgado ante notario y testigos

El funcionamiento y la actividad de las compañías mercantiles se rige por las *cláusulas* y condiciones de sus contratos, y por cuanto esté determinado y *prescrito* en las normas del C. Co., que dedica los artículos 116 a 238 a regularlas.

cada una de las disposiciones de un contrato, documento...

preceptuado, ordenado

Las sociedades mercantiles pueden ser:

— **Sociedad colectiva,**
— **Sociedad comanditaria,**
— **Sociedad anónima,**
— **Sociedad limitada.**

Las dos primeras son llamadas individualistas o personalistas, y las dos segundas, sociedades capitalistas.

EJERCICIO

- **Conteste a las siguientes preguntas por escrito o de forma oral**
  - **¿Qué es una sociedad mercantil?**
  - **¿Cómo pueden ser?**
  - **¿A cuáles se les llama individualistas o personalistas?**
  - **¿Cuáles son las sociedades capitalistas?**

5.1. Sociedad colectiva

Es una sociedad personalista, dedicada, en nombre colectivo y bajo el principio de responsabilidad personal, ilimitada y solidaria de los socios, a la explotación de una industria mercantil.

Es una sociedad de trabajo (de *gestión* colectiva); los socios podrán aportar capital o dejar de aportarlo, pero lo que nunca podrán dejar de aportar es su esfuerzo personal y su nombre.

acción y efecto de gestionar: hacer diligencias conducentes al logro de un propósito

Es de responsabilidad personal, ilimitada y *solidaria.* Es decir, los socios responden personalmente con sus propios bienes, sin límite de responsabilidad y de forma solidaria porque el *acreedor* puede dirigirse, una vez agotado el capital social, contra los bienes de los socios.

se aplica a las obligaciones contraídas en común y a las personas que las contraen

el que tiene acción o derecho a pedir el pago de una deuda o el cumplimiento de alguna obligación

Es una sociedad de nombre *colectivo.* Se llama "razón social" y ha de formarse con el nombre de alguno o algunos; se deben añadir las palabras "y compañía".

perteneciente o relativo a un conjunto

EJERCICIO

- **Dé palabras que tengan la misma raíz:**
  - **— trabajo**
  - **— aportar**
  - **— esfuerzo**
  - **— responsabilidad**

5.2. Sociedad comanditaria

Es aquella en que, bajo una razón social, existen dos tipos de socios: los colectivos y los *comanditarios.* Los primeros responden con todos sus bienes del resultado de la gestión social, mientras que los otros responden solamente con los fondos que aporten a la sociedad.

perteneciente a la comandita (sociedad en comandita o comanditaria) cada una de las partes en que se considera dividido el capital de una sociedad. Título que acredita la posesión de cada una de estas partes

individuo de una sociedad

Cuando el capital aportado por los segundos está representado por *acciones,* la sociedad se llama sociedad en comandita por acciones, si no es así es sociedad en comandita simple.

Es una responsabilidad en parte limitada y en parte ilimitada para los *socios.*

Es una sociedad personalista predominantemente. Lo es de forma plena respecto a los socios colectivos, que tampoco pueden transmitir su cualidad sin el consentimiento de los otros. Poco importan, en cambio, las cualidades personales de los socios comanditarios, ya que están excluidos de la gestión.

EJERCICIO

- **Responda a la siguiente pregunta:**
  — ¿Qué diferencias hay entre una sociedad colectiva y una comanditaria?

5.3. **Sociedad anónima** (Régimen Jurídico, ley 17 de julio 1951)

Es una sociedad capitalista cuyo capital está dividido en acciones correspondientes a las aportaciones de los diferentes socios o accionistas. Funciona bajo el principio de la falta de responsabilidad de los socios por las deudas sociales.

Es una **sociedad capitalista.** No olvidemos que la sociedad anónima es un capital con personalidad jurídica. Tal capital *se integra* precisamente de las *aportaciones* de los socios.

se compone
contribuciones

Es de responsabilidad limitada, ya que los socios no responden personalmente de las deudas sociales.

Es una sociedad *regida* democráticamente: todos los socios tienen los mismos derechos *mínimos* y hay sistemas de mayoría para la adopción de **acuerdos.**

dirigida, gobernada, administrada
límite inferior a que se puede reducir una cosa

EJERCICIO

- **Escriba palabras cuyo significado sea el contrario de:**
  - **— dividido**
  - **— la falta de**
  - **— olvidemos**
  - **— se integra**
  - **— limitada**

5.4. **Sociedad limitada** (o de responsabilidad limitada)

Es una sociedad mercantil cuyo capital, *no superior* a cincuenta millones de pesetas, se divide en participaciones iguales e indivisibles, que no podrán incorporarse a *títulos* negociables ni denominarse acciones y cuyos socios, que *no excederán de* cincuenta, no respon-

que no excede los...
ciertos documentos que representan deuda pública o valor comercial
que no sobrepasará el número de...

den personalmente de las deudas sociales. La responsabilidad de los socios se limita al capital aportado.

(Extracto de *Curso de Derecho Mercantil*. Cámara Oficial de Comercio e Industria. Madrid.)

EJERCICIO

- **Explique el significado de:**
  - **— mercantil**
  - **— participaciones**
  - **— negociables**
  - **— denominarse**
  - **— aportado**
  - **— incorporarse**

5.5. Anuncios de la prensa

GRAN OPORTUNIDAD

Necesito socio al 50 % de beneficio
Aportación total 2.000.000 de pesetas
Rentabilidad mensual 150.000 a 200.000 pesetas mes, neto.

Garantía absoluta de *recuperar* la inversión en un año. Inversión garantizada.

recobrar, volver a poseer lo que antes se tenía

Negocio de productos de belleza con posibilidades de ampliación en otras capitales.
No se pecisa la presencia del socio que aporta el capital.

no se necesita, no es necesaria

Llamar en horas de oficina al teléfono:
(91) 356 89 77

PROMOCIONES B.A.G., S.A.

Por medio del presente, y a los efectos previstos en los artículos 153 y 166 de la Ley de Sociedades Anónimas, se hace constar que, por unanimidad, la Junta General de accionistas de esta Sociedad ha acordado la **disolución** y **liquidación** de la misma, con el siguiente balance final:

	Pesetas
Pérdidas y ganancias	100.000
Total de **activo**	100.000
Capital	100.000
Total de **pasivo**	100.000

Madrid, 3 de julio de 1983.—El liquidador único.

6. Otros servicios

6.1. El seguro

Es un contrato por el cual una persona o **entidad,** el asegurador, se compromete a *indemnizar* a otra persona o entidad, el asegurado, cuando ocurra un *riesgo* o acontecimiento incierto, pero ya previsto, a cambio de pagar una **prima** o **cuota.** El seguro es, pues, un producto del riesgo y persigue la finalidad de dar seguridad contra el riesgo.

compensar un daño o perjuicio
proximidad de un daño

La práctica mercantil conoce una variada *gama* de seguros. Unos están especialmente regulados por el **Código Civil**, otros *carecen* de regulación.

gradación
no tienen, están faltos de

Hacer una clasificación del seguro es bastante difícil por la gran variedad, pero se pueden distinguir dos grupos: seguros de personas y seguros de cosas, según los riesgos que cubran: muerte, accidente o daño de personas o de bienes. Dentro de estos dos grupos también hay que distinguir variantes: seguro de enfermedad, invalidez, paro, seguro de vida, seguro contra incendios, granizo, robo y aún dentro de ellos hay muchas combinaciones.

Deberíamos también destacar la distinción entre los **"seguros mutuos"** en los que no existe prima, los siniestros se reparten entre los asegurados, siendo cada uno de éstos, a la vez, asegurador y asegurado. Y los **"seguros a prima fija"**, en los que el asegurado paga una prima determinada.

Desde el punto de vista comercial nos interesa poner de relieve el "seguro de cambio", que pueden realizar los exportadores o importadores para asegurar el *contravalor* en pesetas de los pagos cuando tienen que efectuarlos o re-

precio o valor que se da a cambio de lo que se recibe

cibirlos en moneda extranjera, y "el **seguro de crédito a la exportación"**, creado por un decreto de 10 de noviembre de 1966 para cubrir los dos tipos de riesgos que pueden afectar a los exportadores, es decir, los riesgos de *insolvencia* y los derivados de la situación política de un país, o bien por causas meteorológicas. El seguro de riesgo comercial es atendido por una empresa española (Compañía de Seguros de Crédito y Caución, S. A.) y los riesgos políticos son atendidos por el Consorcio de Compensación de Seguros.

incapacidad de pagar una deuda

El Código de Comercio español separa los seguros terrestres de los marítimos (libros II y III), regulando los seguros contra incendios, de vida y de transporte terrestre. Los seguros marítimos pueden recaer sobre distintos objetos que quedan determinados por el Código (arts. 743 y 744, C. Co.). Respecto al "seguro de transporte terrestre" podrá ser objeto de este seguro todo aquello que sea transportable por vía terrestre. La **póliza,** además de contener los requisitos exigidos, deberá especificar los de la empresa o persona que *se encargue* del transporte, las calidades de los objetos asegurados, el número de bultos y las marcas si las tuviera, y el punto donde debe realizarse la entrega.

se ocupe, lleve a cabo

Para concertar una póliza de seguro de transporte habrá que tener en cuenta que el transporte puede ser: marítimo, terrestre, vía fluvial o lacustre, o aéreo. Se puede hacer, dependiendo de la duración, un seguro temporal de transporte o por viaje. La forma de contratación de este seguro puede ser por **póliza abierta, póliza de abono** y **póliza "forfait"** (cubre un límite máximo del valor asegurado) y dependiendo de la *cobertura* puede ser a **todo riesgo,** cubrir los riesgos comunes y además los siniestros de acontecimientos de *fuerza mayor.*

garantía

que obliga a hacer cierta cosa y no dependen de la voluntad de la persona

Obligaciones del asegurado y del asegurador:

La obligación principal del asegurado es la de pagar la **prima** como *contraprestación* del riesgo. Las partes tienen libertad para determinar en la póliza el tiempo, lugar y

servicio prestado

forma de pago o bien el lugar de pago puede ser en el domicilio del deudor. Además, la ley establece para los asegurados ciertos deberes que, aunque no se consideren obligatorios, les imponen una determinada conducta, como son: comunicar al asegurador los demás seguros que haga sobre los mismos riesgos, las circunstancias que signifiquen agravación o aumento de riesgos y, una vez *sobrevenido* el *siniestro,* comunicación inmediata de éste al asegurador. Por su parte, el asegurador tiene la obligación fundamental de *indemnizar* por el daño causado.

sucedido, ocurrido

pérdida importante sufrida por una persona o propiedad

pagar cierta cantidad

EJERCICIOS

- **Indique el valor de SE en cada una de las frases en que aparece.**
- **Conteste a las siguientes preguntas:**
  - **— ¿Qué es un seguro?**
  - **— ¿Qué tipo de seguros puede haber?**
  - **— ¿Qué tipos de póliza hay para concertar un seguro de transporte?**
  - **— ¿Cuáles son las obligaciones del asegurado y del asegurador?**

6.2. El transporte

En el contrato de transporte una persona (el *porteador*) se obliga, a cambio de un precio, a trasladar de un lugar a otro un bien o una persona determinados, o a ambos a la vez. Hay que aclarar que el campo del transporte mercantil no está reducido exclusivamente al transporte de cosas (mercancías o efectos); el propio Código de Comercio se encarga de conceder también carácter mercantil al transporte de viajeros (art. 352).

que portea, que lleva una cosa de una parte a otra por el precio convenido

Clases de **Transporte:** Atendiendo al objeto del contrato se distingue entre transporte de objetos y transporte de personas. Dentro del transporte de objetos se puede hablar de **mercaderías (primeras materias, productos manufacturados**, etc.), de efectos mercantiles (títulos de cré-

YBARRA
TRANS-ALBOR, S.L.
MATEU
MATEU
CGM
CGM

dito, billetes de banco) y transporte postal (cartas y paquetes). Atendiendo al medio de transporte, puede ser marítimo, terrestre o aéreo, pudiendo existir un transporte combinado o mixto entre dos o más medios.

El transporte de cosas se celebra entre el porteador y el cargador; mas como el contrato puede establecer la entrega de las cosas transportadas a persona distinta del cargador, es frecuente que al lado de los contratantes aparezca una tercera persona, el destinatario o *consignatario.*

aquel a quien va destinado un buque, un cargamento o una partida de mercancías

Así pues, el porteador es el empresario que asume la obligación de realizar el transporte.

El cargador o remitente es la persona que contrata en nombre propio con el porteador y entrega o se obliga a entregar la carga para su transporte.

El consignatario o destinatario es la persona a la que se han de entregar las mercancías. Puede ser el mismo cargador o una persona distinta.

El elemento esencial del contrato de transporte es el precio, que representa la contraprestación de las obligaciones y del riesgo que *asume* la empresa porteadora. Puede ser abonado por el cargador o debido por el consignatario, según el transporte se realice **"a porte pagado"** o **"a porte debido".** Los precios han de ajustarse a las tarifas impuestas o aprobadas por el Poder Público.

tomar para sí

(Extracto de *Curso de Derecho Mercantil.* Cámara Oficial de Comercio e Industria. Madrid.)

EJERCICIO

- **Resuma en unas diez líneas el contenido de este apartado.**

6.3. El mundo del transporte

EL MUNDO DEL TRANSPORTE

TRANSPORTE MARITIMO

NOTICIAS SOBRE PUERTOS

— La Compañía naviera Transportes Marítimos del Sur (Tranasur) ha inaugurado un nuevo servicio entre el puerto de Alicante y los de Valencia, Algeciras, Las Palmas y Santa Cruz de Tenerife. Este servicio ro-ro tendrá una periodicidad quincenal.

— La naviera Black sea Shipping Co., amplía su servicio regular en el puerto de Valencia al aceptar cargas para los puertos de Jeddah, Linnassol y Bombay.

— El puerto de Mina Qaboos entra a formar parte del servicio que mantiene la naviera Hellenic Lines entre el puerto de Valencia y los de Oriente Medio.

— Una vieja necesidad para el mejor desarrollo del comercio exterior se cubre en el puerto de Valencia, al entrar en funcionamiento el Depósito Franco, que ha sido construido en un tiempo récord de siete meses.

FINSHIPPING ESCALARA QUINCENALMENTE EN BARCELONA

La Finshipoing SRL, con sede en Roma, que desde hace un año viene escalando en el puerto de Barcelona, según posibilidades de carga, en servicio con los puertos de Tripoli, Benghazi y Misurata (Libia), efectuará con la escala del «Alima», un servicio regular quincenal desde Barcelona.

La Finshipping, que ofrece servicio regular desde todo el Mediterráneo noroccidental con puertos del norte de Africa, está representada por Agencia Marítima Facinter.

LA GENERAL NATIONAL MARITIME TRANSPORT COMPANY REANUDA EL SERVICIO CON LIBIA

La General National Maritime Transport Company de Tripoli (Libia) reanuda el servicio con el puerto de Valencia.

Esta compañía suspendió su servicio desde Valencia con Tripoli en el mes de julio del año pasado debido a los problemas que surgieron en cuanto al cobro de las mercancías exportadas desde nuestro país con el gobierno libio.

La periodicidad que va a mantener a partir de ahora será quincenal y estará cubierto por buques ro-ro.

El agente de dicha compañía es la firma Romeu y Cia, S. A.

SERVICIO CONJUNTO DE CONTENEDORES ENTRE EL REINO UNIDO Y EL MEDITERRANEO

Ellerman City, Zim Israel y Furness Withy han acordado llevár a cabo un servicio conjunto de contenedores entre el Reino Unido y el Mediterráneo. El servicio, que se denominará Combined Container Services, utilizará seis buques, la mitad de los cuales operará desde el noroeste de Inglaterra y el puerto de Dublin, mientras que los otros tres saldrán del sudeste de Inglaterra. Las tres líneas son miembros de las Conferencias del Reino Unido, Mediterráneo e Israel.

SE FIRMO EL NUEVO ACUERDO ENTRE ESPAÑA Y LA URSS

El día 13 de mayo se firmaron en Moscú los acuerdos a los que la representación española y la soviética llegaron en materia de transporte marítimo. El antiguo tratado fue denunciado por la actual Administración el pasado mes de febrero, por lo que se llegó al acuerdo de renovar los acuerdos existentes.

El director general de la Marina Mercante destacó ante diversos periodistas la formación de un Comité mixto para regular el transporte marítimo entre la URSS y España. Se autoriza la presencia de pesqueros soviéticos en puertos canarios y, como contrapartida, la URSS se compromete a llegar a acuerdos compensatorios de cualquier tipo y en especial en materia de pesca. La URSS se comprometió también a que la compra de pertrechos y artes para pesqueros soviéticos que no se realicen en la URSS se haga en España e incrementar la participación de empresas españolas en la reparación de buques soviéticos en Canarias.

VIGO, CONSIDERADO PUERTO CARGO

Un 44 por 100 de las empresas exportadoras de la provincia de Pontevedra consideran necesario abaratar las tarifas y costos y funcionamiento del puerto de Vigo, según una encuesta elaborada por los servicios de la Confederación de Empresarios de Pontevedra. Según la conclusión del estudio, la falta de tráfico del puerto de Vigo se debe, fundamentalmente, a la carestía de los servicios.

TRANSPORTE AEREO

IBERIA, CRECE

Iberia, a pesar de la recesión de mercado, ha inaugurado dos nuevas líneas que conectarán España con Trípoli (Libia) y Tel-Avid (Israel).

Según el presidente de la Compañía, «tres son los factores que gravitan sobre el transporte aéreo a nivel mundial: el incremento del precio del combustible, la recesión económica y el desorden tarifario. Tres factores que han llevado a las compañías integradas en la IAFA a perder más de dos mil millones de dólares en 1982».

(*Comercio e Industria,* n.º 38, julio 1983. Cámara de Comercio e Industria de Madrid.)

EJERCICIO

- **Elija una o dos noticias y coméntelas.**

7. SABIDURÍA POPULAR

ESTA CASA NO FÍA

NO ES ORO
TODO LO QUE RELUCE

DINERO LLAMA A DINERO

DE DINEROS Y BONDAD,
QUITA SIEMPRE LA MITAD

PODEROSO CABALLERO
ES DON DINERO

LOS DINEROS DEL SACRISTÁN
CANTANDO VIENEN,
CANTANDO SE VAN

EJERCICIO

- **Comente el significado de estos dichos.**

1984

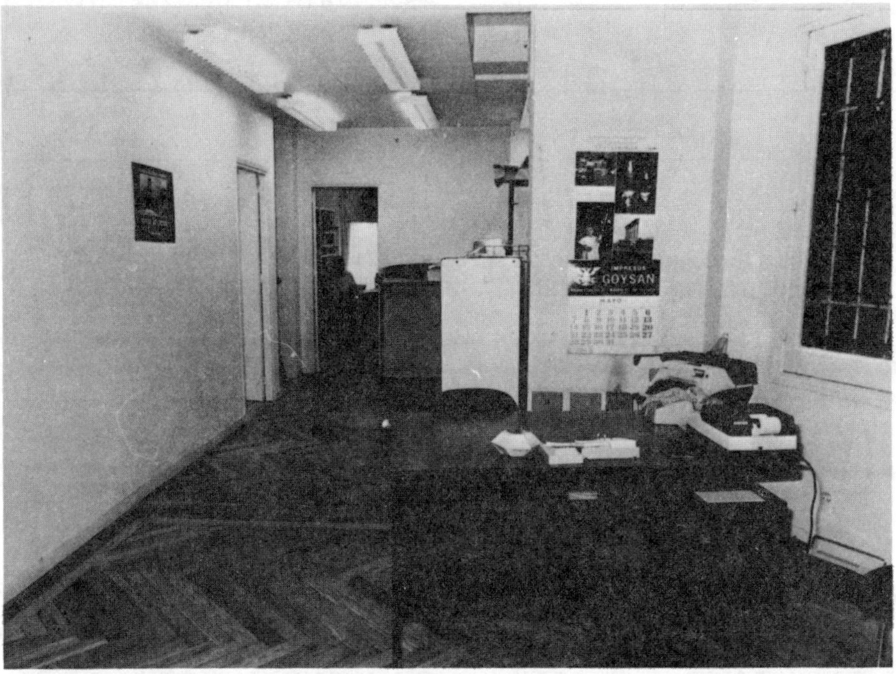
GOYSAN

II ORGANIZACIÓN ADMINISTRATIVO-COMERCIAL

1. ORGANIZACIÓN GENERAL DE UNA EMPRESA

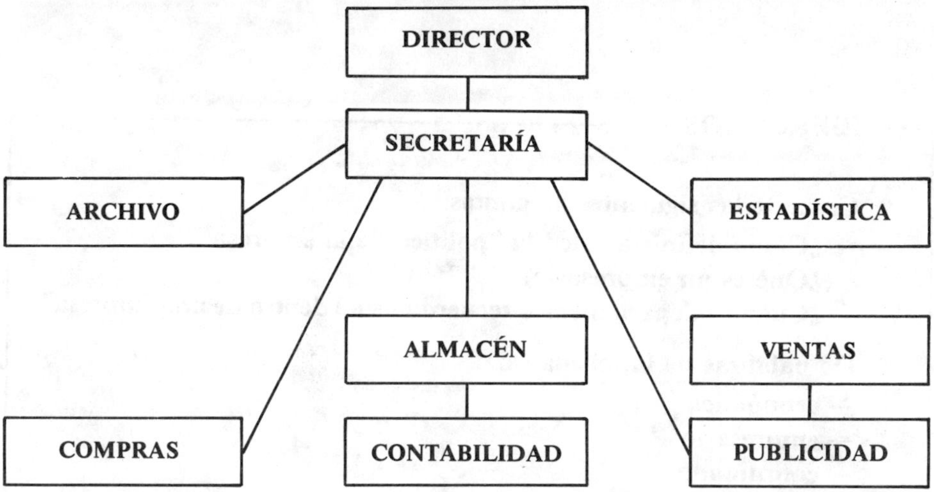

La empresa como unidad económica de producción bajo la dirección del *empresario* se dedica a la obtención de **bienes** y servicios para conseguir un beneficio *mediante* la venta de los mismos en el mercado. Los diferentes departamentos de la empresa *se rigen* por unos principios generales: la política de la empresa. La política de los diferentes departamentos de una empresa tiene que estar coordinada de forma que se obtengan resultados *satisfactorios* para la misma.

persona que por concesión o por contrata ejecuta una obra o explota un servicio público
por medio de
se dirigen, se administran

favorables

Coordinación de las políticas y objetivos de la empresa:

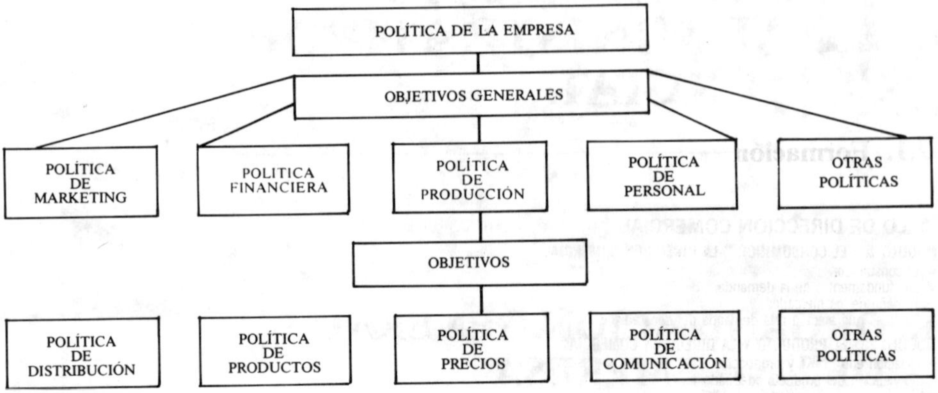

(*El lenguaje y los fundamentos económicos del marketing.* Enrique Ortega. Ed. ESIC.)

EJERCICIOS

- **Conteste las siguientes preguntas:**
  - **— ¿Cómo definiría usted la "política de la empresa"?**
  - **— ¿Qué es un empresario?**
  - **— ¿Cuántos departamentos recuerda usted dentro de una empresa?**
- **Dé palabras de la misma raíz:**
  - **— económica**
  - **— empresario**
  - **— coordinado**
  - **— satisfactorios**
  - **— personal**
- **Indique los sustantivos que correspondan a los verbos:**
  - **— dedicar**
  - **— obtener**
  - **— conseguir**
  - **— satisfacer**
  - **— producir**

2. DEPARTAMENTO DE PERSONAL

2.1. Formación

CICLO DE DIRECCION COMERCIAL HORAS TOTALES: 360

MODULO 1. EL CONSUMIDOR Y LA DIRECCION COMERCIAL
- El consumidor.
- Los fundamentos de la demanda.
- Tamaño de los mercados.
- Factores que afectan a la demanda del consumidor.

MODULO 2. EL PRODUCTO Y LA DIRECCION COMERCIAL
- Relación entre MKT y producción.
- Concepción del producto adecuado.
- El envase y su importancia en MKT.
- Vida de los productos y su tipología.

MODULO 3. TECNICAS DE VENTA Y DIRECCION COMERCIAL
- Función de la dirección comercial.
- Las previsiones a corto y largo plazo.
- Plan de MKT: Generalidades.
- La dirección por objetivos.

MODULO 4. ORGANIZACION DE VENTAS Y DIRECCION COMERCIAL
- Dirección de vendedores.
- Técnicas de ventas y promoción.
- Canales de distribución.
- Areas y cuotas del mercado.

MODULO 5. INVESTIGACION COMERCIAL DE MERCADOS
- Investigación comercial: definición, conceptos y necesidad.
- Análisis factores de compra.
- Investigación del producto, precio y cuotas de venta.
- Posición de la competencia y tendencia del mercado.

MODULO 6. EMPRESA Y DIRECCION COMERCIAL
- Teoría general.
- The Check - List of launching.
- Estrategia: puntos de venta pilotos y métodos globales.
- Plan de lanzamiento.

CICLO DE MARKETING HORAS TOTALES: 480

MODULO 1. INTRODUCCION AL MARKETING
- Conceptos y evolución histórica del marketing.
- Elementos del marketing: el mercado, el producto, los canales de distribución, el precio, la promoción de ventas y la publicidad.

MODULO 2. PROMOCION DE VENTAS Y PUBLICIDAD
- Definición y objetivos de la promoción de ventas.
- La venta personal.
- Previsión de ventas.
- La publicidad.

EJERCICIO

- **Los alumnos, por parejas y habiendo escogido un ciclo distinto, intentarán —por medio de preguntas al compañero— sacar el máximo de información sobre el ciclo que éste va a seguir y contará las excelencias del de su elección.**

2.2. Buscando trabajo

EMPRESA IMPORTANTE
MAQUINARIA AGRÍCOLA
DE IMPORTACIÓN
VENTA AL POR MAYOR

para su sección de ventas

precisa

VIAJANTE

- Estudios: Grado medio.
- Especialidad: Mecánica.
- Edad: 25 a 35 años.
- Carnet de conducir: B.
- Retribución: Sueldo y comisión.
- Gastos por cuenta de la Empresa.
- Ingreso en plantilla.

Interesados: Escribir al Apartado de Correos 158 de Madrid, indicando en el sobre la referencia 890, enviando "curriculum vitae", en carta manuscrita, número de teléfono y fotografía tamaño carnet.

(Absoluta reserva para colocados)

M-1.803.440

EMPRESA LÍDER EN EL SECTOR
DE ALIMENTACIÓN

Con una sólida implantación y un reconocido prestigio por la calidad de sus productos, está ampliando su red de ventas y precisa incorporar con urgencia a su DELEGACIÓN EN MADRID profesionales expertos que cubran las siguientes funciones:

**JEFE DE VENTAS
DE LA DELEGACIÓN**

- Se ocupará personalmente de atender la relación comercial con los clientes importantes y dirigirá, organizará y controlará un equipo de cinco vendedores.
- La persona idónea para ocupar este cargo ha de poseer experiencia demostrada en la dirección de un equipo de ventas con sentido práctico, dotes de organización y capacidad para motivar a sus vendedores, responsabilizándose de la importancia de su trabajo.
- La remuneración de este cargo estará en torno a 1.800.000 pesetas netas anuales, de acuerdo con la valía demostrada por el candidato.

**INSPECTOR
DE AUTOVENTAS**

- Tendrá a su cargo la dirección y control de un equipo de diez vendedores con vehículo, responsabilizándose de su labor.
- Para cubrir este puesto buscamos a una persona con capacidad de trabajo organizado, tenacidad y sentido de autoridad, que haya desarrollado previamente una gestión de similares características con probada eficacia.
- Su remuneración se fijará en torno a 1.500.000 pesetas netas anuales.

VENDEDORES

- El conjunto de los vendedores de nuestra empresa forma un eslabón esencial de nuestra red comercial. Queremos por ello incorporar a nuestro equipo hombres expertos y dinámicos, con capacidad de contacto y relación, y con sentido de la responsabilidad de su trabajo.
- Estimamos una remuneración para estos puestos de alrededor de 1.400.000 pesetas netas anuales.

Las personas que aspiren a estos puestos han de considerarse verdaderamente capacitadas para ocuparlos. Envíen "curriculum" detallado al Apartado de Correos nº 4.037 de Madrid, indicando en el sobre la referencia del puesto al que aspiren (JEFE DE VENTAS, INSPECTOR DE AUTOVENTAS o VENDEDORES).

M. 1.807.121

Envíanos currículum vitae
con foto reciente

sólo si eres

**«UN SOBERBIO
VENDEDOR»**

y dinos cuánto quieres ganar

Apartado de Correos 675 F. D.
Madrid

VIAJANTE

A comisión. Introducido en librerías y papelerías. Conocimiento profundo del ramo. Empresa importante, fabricando carteras colegial, bolsas, etc. C. Mercantil. Indicar experiencia, edad, etc. Zona Madrid. Escribir de puño y letra al **número 9.853 Roldós Anuncios. Vergara, 10. Barcelona-2**

EJERCICIOS

- **Escribir, después de elegir uno de los trabajos de los anuncios, una carta solicitando el empleo según el modelo:**

  Muy señor mío:

  Refiriéndome al anuncio aparecido en .... del ...., me permito ofrecerle mis servicios a su firma en ....

  Celebraría que me señalasen la fecha que les conviniese para una entrevista y darles los informes que pudiesen desear.

  Reciban un atento saludo,

- **Escribir un "curriculum vitae" completo:**

  — Apellidos: ....

  — Nombre: ....

  — Fecha de nacimiento: ....

IMPORTANTE EMPRESA INTERNACIONAL
NECESITA
SECRETARIA DIRECCION BILINGÜE
Espanol-ingles, hablados y escritos

Con experiencia en puesto similar. Bachiller superior, jornada de cinco dias, incorporacion inmediata, remuneracion a convenir, absoluta reserva colocadas

Interesadas llamar al Teléfono 457785 o escribir a Oficina de Empleo, General Pardiñas, 5. Madrid

Referencia M. - 1.803.806

SECRETARIA DE DIRECCION

(Con buen nivel de inglés hablado y escrito)
Ref. BI-3.292
1.300.000 ptas. orientativas
MADRID

Este puesto corresponde a una empresa situada en lugar muy céntrico —barrio de Salamanca— y con semana laboral de cinco días y buen horario de invierno y de verano. Se ocupará, con responsabilidad y autonomía, de la correspondencia, archivo, teléfono y télex. También atenderá las visitas y colaborará en la organización de viajes y reuniones. Pensamos en una mujer plenamente responsable, entre 35 y 40 años, que domine la mecanografía y la taquigrafía, sobre todo en calidad y presentación, y que conozca el inglés hablado y escrito a nivel de uso normal

Las interesadas escriban a **A. FERRUELO (ICSA)**, Ref. BI-3.292, **Gran Vía, 22, du plicado, 3.°, Madrid**, adjuntando datos personales

(Ref. M-1.804.506)

CÁMARA DE COMERCIO E INDUSTRIA DE MADRID

ofrece a

8 TITULADOS SUPERIORES

Un contrato eventual para la realización de estudios e investigación de mercados en el extranjero. Este contrato dará oportunidad para conocer a fondo las posibilidades comerciales de España en relación con otros países, y proporcionará la posibilidad de dominar nuestro comercio exterior y convertirse en técnicos de comercio exterior.

La retribución del contrato será, en general, equivalente a 145.000 pesetas mensuales en moneda del país de que se trate, dependiendo su concreta fijación del coste de vida en el mismo, más un seguro de asistencia médica y de accidentes. La duración del contrato será de un año.

Formación previa en comercio exterior por cuenta de la Cámara mediante un Curso de una duración de dos meses.

REQUISITOS:

- Nacionalidad española, edad inferior a 30 años y soltero o casado sin hijos.
- Titulación superior, siendo preferente la Licenciatura en Ciencias Económicas.
- Idiomas: preferentemente el inglés.
- No padecer enfermedad ni defecto físico que impida el normal desarrollo de su trabajo en el extranjero, siendo necesario acreditarlo mediante CERTIFICADO MÉDICO.
- La solicitud deberá recibirse antes del 31 de agosto.
- Los SOLICITANTES deberán acompañar a su solicitud toda la documentación acreditativa de reunir las condiciones anteriormente mencionadas (título académico, fotocopia del D.N.I., certificados, etcétera), así como su "curriculum vitae".

sofemasa selección

Dirigir las solicitudes a:
Torre de Madrid, 10-5. MADRID-13
Indicando la referencia 12.617

— **Origen:** ....
— **Estado civil:** ....
— **Estudios:** ....
— **Aprendizaje:** ....
— **Actividad profesional:** ....
— **Idiomas:** ....
— **Conocimientos particulares:** ....

- **Comentar los pros y los contras de los distintos empleos que se ofrecen, condiciones y beneficios.**
- **Realizar una entrevista de trabajo (entrevistador y entrevistado) utilizando estos puntos: jornada completa o media jornada, horario. Interesandose por lo que más importa (dinero, la gente, seguridad, satisfacción personal, trabajo interesante). Si le gusta trabajar solo, en equipo, con las manos, intelectual, viajar, etc.**

2.3. El sistema de la Seguridad Social

Estarán comprendidos en el sistema de la **Seguridad Social** todos los españoles, cualquiera que sea su sexo, estado civil y profesión, *residan* y ejerzan normalmente su actividad en territorio nacional y ésta sea de las incluidas en el Régimen General o en alguno de los Regímenes Especiales de que se compone el sistema para la *consecución* de sus fines (arts. 7 y 9 de la ley general de la Seguridad Social).

estarán incluidos

vivan, habiten

acción y efecto de conseguir

Extranjeros (art. 7.º, n.º 4, ley general de la Seguridad Social). Los hispanoamericanos, portugueses, brasileños, andorranos y filipinos que residan y se encuentren legalmente en territorio español *se equiparan* a los españoles. Con respecto a los nacionales de otros países se *estará* a lo que se disponga en los convenios o acuerdos *ratificados* o suscritos al efecto o a cuanto les fuese aplicable *en virtud de* reciprocidad tácita o expresamente reconocida.

se compara una cosa con otra, considerándolas iguales

es obligatorio

aprobados o confirmados

a consecuencia de

Personas incluidas en el Régimen General (art. 61, ley general de la Seguridad Social). Estarán obligatoriamente incluidos en el Régimen General de los trabajadores por cuenta *ajena* en las distintas ramas de la actividad económica o asimilados a ellos, bien sean *eventuales,* de *temporada* o *fijos,* aun de trabajo discontinuo, e incluidos los trabajadores a domicilio y con independencia de la categoría profesional del trabajador y de la forma y cuantía de la *remuneración* que perciba.

perteneciente a otro

no seguro, no fijo

por cierto tiempo

de plantilla

valor, cantidad

La *asimilación* a trabajadores por cuenta ajena precisará que así se declare por decreto. La legislación prevé *exclusiones,* bien por razón de la clase de trabajo o bien por razones del *parentesco* existente entre quien realiza el trabajo y el empresario.

equiparación

acción y efecto de excluir: quitar a una persona o cosa del lugar que ocupaba

vínculo que existe entre dos o más personas por consanguinidad

EJERCICIO

- **El alumno, por escrito o de forma oral, ha de contestar a las preguntas siguientes:**
  - **— ¿Quiénes están incluidos en el sistema de la Seguridad Social?**
  - **— ¿A qué se refiere el art. 7.º, n.º 4 de la ley general de la Seguridad Social?**
  - **— La legislación prevé exclusiones respecto a trabajadores por cuenta ajena. ¿Qué causa puede haber para la exclusión?**

2.3.1. Acción protectora del sistema de la Seguridad Social

1) Asistencia sanitaria en los casos de maternidad, enfermedad común o profesional y de accidentes.

2) Recuperación profesional.

cosa o servicio que un contratante da o promete al otro, en compensación de lo que recibe. Renta o tributo

3) *Prestaciones* económicas en casos de **invalidez,** jubilación, **desempleo,** muerte y supervivencia.

4) Prestaciones económicas de protección a la familia (matrimonio, natalidad).

5) Servicios sociales en materia de asistencia, medicina preventiva, higiene y seguridad en el trabajo, reeducación y rehabilitación de inválidos, empleo y colocación y promoción social.

2.3.2. **Jubilación**

que ejercen una profesión u oficio reglamentados

Beneficiarios: Trabajadores *en alta* o en situación asimilada.

dejar de desempeñar algún empleo o cargo

Requisitos: *Cesar* en el trabajo. Tener cumplidos 65 años. (A partir de los 60 años, con coeficiente reductor del 0,08 por año anticipado para quienes antes del 1 de enero de 1967 perteneciesen a alguna **Mutualidad Laboral.** Período mínimo de cotización: 10 años.)

Contenido: *Pensión* mensual *vitalicia,* cuya cuantía se obtiene mediante aplicación de un porcentaje a la correspondiente base reguladora.

pensión duradera hasta el fin de la vida del perceptor

La base reguladora es el *cociente* de dividir por 28 la suma de las bases por las que el trabajador haya cotizado durante 24 meses consecutivos, elegidos por el interesado dentro de los últimos siete años. *El porcentaje* que se aplica varía según los años de cotización que el interesado tenga acreditados a la Seguridad Social, según una escala que se inicia con el 50 % con 10 años de cotización, incrementándose en un 2 % por cada año, hasta llegar al 100 % a los 35 años de cotización.

resultado que se obtiene dividiendo una cantidad por otra

tanto por ciento

Duración: Pensión vitalicia, que puede quedar temporalmente en suspenso si el pensionista realiza trabajos remunerados que den lugar a inclusión en algún régimen de la Seguridad Social.

EJERCICIOS

- **¿Qué acciones protectoras lleva a cabo el sistema de Seguridad Social?**
- **¿Qué requisitos son indispensables para que un trabajador se beneficie de la jubilación?**
- **Dé cuantos sinónimos pueda de:**
  - **— sanitaria**
  - **— prestaciones**
  - **— en alta**
  - **— pertenecer**

ESTAS SON LAS CUANTIAS DE LAS MEJORAS

En espera de llevarse a cabo el proyecto de una «Ley de Revalorización Automática de Pensiones», el Gobierno ha acordado por Real Decreto, una mejora lineal, para cada tipo de pensión, con efectos económicos desde 1 de enero de 1983, consistente en los siguientes incrementos:

REVALORIZACION DE PENSIONES DESDE 1 DE ENERO DE 1983

CLASE DE PENSION	CUANTIA DE LA MEJORA Ptas./mes
JUBILACION	
• Beneficiarios con 65 años.	3.250
• Beneficiarios menores de 65 años.	2.845
INVALIDEZ PERMANENTE	
• Gran invalidez.	4.875
• Absoluta.	3.250
• Total (con 65 años).	3.250
• Total (menores de 65 años).	2.845
• Parcial (con 65 años).	2.845
• Parcial (menores de 65 años).	2.495
VIUDEDAD	
• Beneficiarios con 65 años.	2.495
• Beneficiarios menores de 65 años.	2.145
ORFANDAD	
• Cada beneficiario. En caso de orfandad absoluta, la mejora se incrementará en 2.145 ptas., a repartir entre los beneficiarios.	975
EN FAVOR DE FAMILIARES	
• Cada beneficiario.	975
Si no hay viuda ni huérfano pensionista	
• Un solo beneficiario con 65 años	2.495
• Un solo beneficiario menor de 65 años	2.145
• Varios beneficiarios, incremento a repartir	1.170
INVALIDEZ PROVISIONAL Y LARGA ENFERMEDAD	2.420
SEGURO DE VEJEZ E INVALIDEZ	
• Vejez e invalidez.	2.440
• Viudedad (con 65 años).	2.030
• Viudedad (menores de 65 años).	1.720

OBSERVACIONES

Si su pensión ha sido causada durante 1982, sólo tiene derecho a una parte proporcional de la mejora correspondiente, según el número de meses comprendidos entre el del hecho causante de la pensión y diciembre de 1982, ambos inclusive.

3. DEPARTAMENTO COMERCIAL

La función de un departamento comercial consiste en:

— Descubrir las necesidades que hay que satisfacer.

— Provocar la creación del artículo que les satisfaga a un precio mínimo.

— Poner el artículo al alcance del comprador con gastos mínimos de distribución.

— Hacer que la marca se compre y se venda.

Para ello hay que establecer una política comercial. La política comercial consiste en un conjunto de **reglas** que el servicio comercial decide aplicar para asegurar la distribución de los artículos que se propone vender y que se propone hacer llegar a los consumidores o usuarios, con el fin de alcanzar los objetivos fijados por la dirección y que resulta de la política general de la empresa.

La política comercial deberá:

— Distribuir los productos en las mejores condiciones posibles.

resistir, hacer frente, hacer oposición

— *Contrarrestar* la acción de la competencia. Esto se puede conseguir mediante acuerdos con los competidores.

que vende al por mayor

— Establecer los canales o vías de distribución: *mayorista,* **detallista...**

total

— Señalar las condiciones de venta: **descuentos, bonificaciones** especiales, anuales, sobre la *cifra* de negocio.

— Señalar las condiciones de pago: **al contado,** por **giro** de una o varias **letras,** tras la realización de la venta o *escalonado* a lo largo de un período. Indicando también las modalidades de pago: **cheque, contra reembolso,** por **transferencia bancaria,** etc.

distribuido en tiempos sucesivos

— Acordar las condiciones de *embalaje* y expedición: entrega a domicilio, por medio de una agencia o sucursal, *franco* de portes y embalaje, etc.

acción y efecto de embalar: colocar dentro de cubiertas adecuadas los objetos que han de transportarse a larga distancia

libre, exento

A este departamento compete a veces la acción publicitaria, generalmente calculada en porcentaje según la cifra de negocios, la fijación de los precios de venta y el establecimiento de una red comercial. Ya que su función principal es la colocación de la producción y así continuar el ciclo productivo de la empresa (financiación, inversión, producción, comercial e investigación) habrá que tener en cuenta que el departamento de comercial tendrá que estar en contacto con el departamento de financiación. Si es importante vender, mucho más lo es cobrar. Sin ventas no hay cobros, pero, tal y como están los mercados en la actualidad, una venta no es sinónimo de cobro. Por lo tanto, será preciso armonizar todos los objetivos de la empresa: ventas con **liquidez,** calidad de los productos, servicio inmediato al cliente. También es necesario recordar que una misma empresa comercializa varios productos en distintos mercados y que da un tratamiento distinto al producto en cada mercado, debido a las características ambientales e intrínsecas que configuran los gustos de los consumidores.

Por lo tanto, otra de las funciones del departamento de marketing o comercial será la de la investigación comercial, estudios de mercado e investigación publicitaria.

La política de expansión comercial exige, cada vez con mayor intensidad, las *campañas* de **publicidad** que tratan de crear nuevas necesidades al consumidor y dar así salida a los nuevos productos.

serie o conjunto de esfuerzos encaminados a un fin

Para que un producto sea aceptado entran en juego muchos factores: diseño, envase, nombre, precio, propaganda, comparación con la competencia.

EJERCICIOS

- **Escriba usted palabras de la misma raíz:**
  - **— comercial**
  - **— función**
  - **— necesidades**
  - **— distribución**
  - **— asegurar**
- **Escriba el antónimo de:**
  - **— mayorista**
  - **— mejores**
  - **— lo principal**
  - **— recordar**
  - **— distintos**
- **Conteste a las siguientes preguntas:**
  - **— ¿Cuál es la función de un departamento comercial?**
  - **— ¿Qué compete a este departamento?**
  - **— ¿En qué consiste la política comercial?**
  - **— ¿Qué factores entran en juego para que un producto sea aceptado?**

3.1. Lanzamiento de un nuevo producto

La comercialización de un producto es un fenómeno *complejo* que tiene que tener en cuenta:

opuesto a simple, sencillo. Se dice de lo que se compone de elementos diversos

— Identificación del producto: { marca, acondicionamiento o diferenciación, fijación de precios.

— Puesta en el mercado: { distribución, organización de la venta.

— Promoción: { medios.

Una **campaña publicitaria** depende del artículo y de los posibles compradores a los que se dirige. La duración de una campaña es variable, siempre dependiendo de los objetivos que se pretendan; puede hacerse una campaña intensa en unos días o bien a lo largo de todo un año, y consiste en una serie de mensajes publicitarios a través de distintos medios de comunicación.

El *lanzamiento* de un producto nuevo a través de una campaña de publicidad puede hacerse comenzando primero por una región o *zona,* por el método de "mancha de aceite", que consiste en *iniciar* la campaña en un punto de una región y luego ir extendiéndola, o bien hacer un lanzamiento a través de todo el país y en una sola vez.

acción de dar a conocer

área

empezar, comenzar

Entre los medios de lanzamiento podemos encontrar:

— Medios de información: { equipo de ventas, distribuidores, clientes.

— Medios de promoción: { presentación, demostración.

— Medios de publicidad: prensa, radio, televisión, cine, carteles, publicidad directa.

EJERCICIOS

- **Conteste a las siguientes preguntas:**
  - **— ¿Qué tiene que tener en cuenta la comercialización de un producto?**
  - **— ¿De qué depende una campaña publicitaria?**
  - **— ¿Cuál es la duración de una campaña publicitaria?**
- **Dé usted sinónimos de:**
  - **— complejo**
  - **— zona**
  - **— iniciar**
  - **— extendiéndola**
  - **— objetivos**

3.1.1. Plan de lanzamiento

— Fecha.
— *Presupuesto:*
— Medios.
— Preparación comercial:
  preparación de los hombres,
  preparación de los distribuidores.
— Acción comercial:
  colocación del producto,
  iniciación de la acción publicitaria.
— Control de la operación (estadísticas, informes)

cálculo anticipado del coste de algo o de los gastos o ingresos de una empresa

Anuncio de productos existentes

Anuncio de un nuevo producto

Anuncio de promoción de la empresa

Anuncio de promoción colectiva

4. DEPARTAMENTO DE COMPRAS

4.1. Documentación:

los que dan o abastecen de algo

Puede clasificarse { mercado, *proveedores,* productos.

se muestra, se pone a la vista

En el mercado de la **"libre competencia"** el mercado de oferta *se manifiesta* a través de la publicidad, generando una información por distintos canales de comunicación (publicaciones técnicas, catálogos, prensa, radio y televisión).

nos pone en un lugar o situación determinados

a la vez, al mismo tiempo

La publicidad *nos sitúa* inmediatamente frente a los oferentes, es decir, los proveedores. Generalmente, un tipo de productos es ofrecido *simultáneamente* por varios de ellos, lo cual nos lleva a la necesidad de analizar cada uno por separado para poder elegir. Este análisis se puede hacer de distintas formas: informes bancarios, visita a los proveedores y a sus clientes, etc., y que *culminan* en la creación de un dossier en el que se refleja de forma más o menos extensa toda la información obtenida.

llegan a la posición más alta que puede tener

necesitan, tienen precisión de

Los propios productos *requieren* también su documentación específica, que se concreta en lo que normalmente se denomina ficha técnica, la cual recoge los datos que definen el producto (forma, propiedades físico-químicas, calidad, precios, etc.)

Expediente de proveedores: Puede estar constituido por una carpeta especialmente diseñada, que debería contener los siguientes datos:

— Datos generales: capital, domicilio social, domicilio de las oficinas, fábricas, almacenes...

— Datos sobre la dirección y servicios comerciales.
— Datos profesionales y sociales.
— Datos sobre la actividad.
— Compras que se han hecho.
— Acuerdos y visitas.

Así como toda la información que se considere precisa.

Estos expedientes quedarán archivados formando tres grupos que corresponden a:

— Proveedores en activo.
— Proveedores a los que se ha dejado de comprar.
— Proveedores a los que no se ha comprado nunca, pero que han sido objeto de estudio.

EJERCICIO

- **Ejercicio de comprensión:**
  - **— ¿Qué tipo de documentación requiere un producto?**
  - **— ¿Qué debería contener la carpeta con el expediente de un proveedor?**

4.2. Proceso de compra

Una vez que el *ejecutivo* de compras conoce los productos objeto de la comercialización o fabricación de su empresa, tiene definido el stock y localizados los proveedores, debe realizar una de sus funciones principales: la compra del producto. Ello exige la toma de decisiones de compra y la *formulación* del pedido dentro de los límites de un presupuesto de compras. El circuito de operaciones del proceso de compras da origen a documentos que son *soporte* de los datos relativos a las mismas y, a su vez, transmisión de la información. Estos documentos pueden quedar divididos en dos grupos:

junta de gobierno de una sociedad o corporación

acción y efecto de formular: dar expresión clara y precisa de un pensamiento, deseo, orden

apoyo

a) Impresos o documentos cumplimentados o elaborados en el departamento de compras: solicitud de compra, el pedido, o la nota de pedido, el albarán de entrega, las notas o comunicados interiores y la nota de cargo.

b) Los libros de registros o fichas donde se anota de forma ordenada la información contenida en dichos impresos: el libro de registro de pedidos de compra, el libro de almacén o fichas, el libro de registro de compras, el libro de efectos a pagar, fichas contables de proveedores.

EJERCICIOS

- **Escriba o diga el presente de subjuntivo de los verbos que aparecen a continuación en tercera persona del singular:**
  — conocer
  — tener
  — pedir
  — poder
  — contener
- **Diga el sustantivo que corresponde a los siguientes verbos:**
  — ejecutar **— dar**
  — comprar **— transmitir**
  — producir **— dividir**

4.3. Pagos de las compras

El pago de una compra es la operación del deudor, que consiste en conseguir que su acreedor perciba la cantidad que le corresponde.

El pago de las compras se puede efectuar por medio de:

— Dinero en efectivo (monedas, billetes).
— Tarjetas de crédito.

— Servicios de Correos:

giro postal,
giro telegráfico,
valores declarados.

— Operaciones bancarias:

transferencias,
entrega para abono en cuenta.

— Documentos de cambio:

títulos, valores:

talón (al portador, *nominativo, a la orden,* para abonar en cuenta, **cruzado,** *conformado).*

transferible por endoso
a nombre de uno
de acuerdo

cheque,
pagaré,
letra de cambio.

(*Curso de Organización Administrativo-Comercial.* Cámara Oficial de Comercio e Industria.)

4.4. Correspondencia

Petición

Madrid, 2 septiembre 1983

(Dirección de la empresa)

Muy Sr. mío:

Le ruego me remita para su examen una muestra de ....
Anticipándole las gracias, quedo de Ud. atto. ss.,

(firma)

Acuse de recibo

(Dirección de la empresa)

(fecha)

Muy Sres. míos:

Les acusamos recibo de su atenta carta en que nos pone al corriente de ....

Reciba un cordial saludo,

(firma)

Envío de catálogo

(fecha)

(Dirección de la empresa)

Muy Sr. nuestro:

Le agradecemos su carta, fecha 6 del cte., y le remitimos por el mismo correo nuestro catálogo y nuestra nota de precios.

Confiando en que nuestras condiciones ventajosas le determinarán a hacernos su pedido, nos despedimos de Ud.

Attos. y s.s.s.s.,

(firma)

Mercancía defectuosa

(Dirección)

(fecha)

Estimados Sres.:

Recibimos debidamente su entrega el 10 cte. con la cual, desgraciadamente, no quedamos satisfechos por completo. Siete vasos de cristal, art. n.º 158, y tres floreros, art. n.º 041, están mellados y no se pueden vender.

Les rogamos nos reemplacen dichos artículos en el más breve plazo, pues ya hemos iniciado la venta. Esperamos su entrega, por la cual les anticipamos las gracias.

Un saludo,

(firma)

Petición de informes

(Dirección)

(fecha)

Muy Sres. nuestros:

Habiendo recibido un pedido importante de la casa .... Sociedad Anónima, que nos da su nombre como referencia, les agradeceríamos se sirvan comunicarnos algunos informes exactos sobre:

a) su solvencia,
b) fama,
c) situación financiera.

Utilizaremos sus informes con la mayor discreción y celebraríamos el que se presentase la oportunidad de devolverles semejante servicio.

Anticipándoles las gracias por su grata contestación, nos despedimos de Uds.

Attos. y s.s.s.s., (firma)

Secretaría de Estado de Comercio

BOLETIN DE PEDIDOS

Don ____________________

que reside en ____________________

calle ____________________

solicita contra reembolso los siguientes libros:

__________, a _____ de __________ de 198__

(Firma y sello)

Para pedidos dirigirse a:
CEDISA
Almirante, 21, Madrid-4
o a
REYDIS
Huesca, 29. Teléfono 279 18 24.
MADRID-20

Estas publicaciones pueden adquirirse también en:
Ministerio de Economía y Hacienda, Castellana, 162. Teléfono 458 00 16. MADRID-16

LIBROS

(Indíquese en letras mayúsculas el título de los libros deseados y, en el recuadro, el número de ejemplares.)

TARJETA POSTAL - CARTE POSTALE - POSTCARD - POSTKARTE - CARTOLINA POSTALE

FERIA TECNICA INTERNACIONAL DE LA MAQUINARIA AGRICOLA

FIMA 84

Apartado de Correos, 108

ZARAGOZA (España) (Spain) (Espagne)

FIMA 84

7. 15. ABRIL 1984
ZARAGOZA (ESPANA)

Sírvase remitirnos:
Please send us:
Veuillez nous envoyer:
Schicken Sie uns bitte zu:
Si serva inviarci:

☐ **Información para participar como expositores.**
Information as regards participation as exhibitors.
Information pour participer en tant qu'exposants.
Information über Teilnahme als Aussteller.
Informazione per participare come espositori.

☐ **Información sobre publicidad en el Catálogo Oficial.**
Information on publicity in the Official Catalogue.
Information sur la publicité dans le Catalogue Officiel.
Information über Werbung in offentlichen Katalog.
Informazione sulla publicità nel Catalogo Ufficiale.

☐ **Programa de la Conferencia Internacional de Mecanización Agraria**
Program of the International Agricultural Mechanization Conference
Programme de la Conférence Internationale de Mecanisation Agraire
Program der Internationalen Konferenz über landwirtschaftliche Mechanisierung
Programme della Conferenza Internazionale di Meccanizzazione Agraria.

☐ **Material de propaganda.**
Propaganda material.
Materiel de propagande.
Werbematerial.
Materiale di propaganda.

☐ **Catálogo Oficial (España 700 Ptas. Extranjero 10 $USA). Se edita en el mes de abril.**
Official Catalogue (Spain Ptas. 700 Foreign countries US$ 10) Issued in April.
Catalogue Officiel (Espagne 700 Ptas. Etranger 10 $USA). A editer au mois de avril
Offentlicher Katalog (Spanien 700 Ptas., Ausland 10 US$). Wird in Monat April verlegt
Catalogo Ufficiale (Spagna 700 Ptas. Estero 10 $USA). Si edita nel messe di Aprile.

Nombre - Name - Nom - Nome

Dirección - Address - Adresse - Direktion - Indirizzo

Ciudad - City - Ville - Stadt - Città

País - Country - Pays - Land - Paese

Fecha - Date - Datum - Data

Firma - Signature - Unterschrift

5. DEPARTAMENTO DE VENTAS

La planificación de las ventas exige estudiar, en primer lugar, los *factores* que influyen en esas ventas, y en segundo lugar establecer qué método es más apto.

elementos, cosas que con otra u otras son causa de algún efecto

En cuanto a los factores podemos hablar de los factores *previsibles,* es decir, que pueden ser controlados por la empresa. Entre ellos tenemos: los recursos financieros que se determinan con bastante precisión, ya que vienen generados por la propia caja de la empresa o por el recurso de créditos. Igualmente, el equipo humano, tanto en número como en experiencia, grado de adiestramiento, rotación..., es conocido en profundidad, así como también el nivel de la tecnología de la empresa en comparación con otras empresas.

que está dentro de la previsión normal. Previsión: acción y efecto de prever: ver con anticipación, conjeturar lo que ha de suceder

La imagen de la empresa puede influir también, por lo que habrá que cuidarse de otras acciones, no sólo en el departamento de ventas, sino en el de finanzas, producción y personal; hay que analizar la capacidad de producción y personal; hay que analizar la capacidad de producción para evitar desconexiones entre los stocks de los productos terminados y la entrega de los **pedidos.** La gestión de los stocks ha de ser perfectamente llevada para saber con exactitud en cualquier momento el *inventario* de productos terminados, para poder ofertar sin fallos.

lista o relación ordenada de los bienes y demás cosas pertenecientes a una persona o comunidad

Pero existen otros factores incontrolables por parte de la empresa, y que por ello hacen difícil su previsión. Estos factores son: la *coyuntura* económica del momento en que tenga lugar el comienzo de la oferta o durante la realización de la campaña. El entorno econó-

ocasión, oportunidad para alguna cosa

mico internacional con las presiones del comercio, la *inflación*, guerras, los cambios de regímenes, etc., que pueden *alterar* la compra de materiales para la producción y las propias ventas. Luego están las variaciones demográficas y los cambios socioculturales, que hacen que cambien los gustos y hábitos de consumo del comprador; las normas de nuevos códigos, disposiciones, etcétera.

alteración del nivel de precios causada por un aumento de la cantidad de dinero
turbar, inquietar. Cambiar la esencia, forma u orden de las cosas

En resumen, no es sencillo construir una previsión de ventas, sobre todo a largo plazo, cuando el dominio sobre las variables va siendo cada vez más difícil. Por lo tanto, la previsión debe hacerse en coordinación con los departamentos afectados, es decir: producción, compras, comercial, financiero, contable, personal y almacén.

EJERCICIO

- **Comprensión oral o escrita: ¿Qué tipo de factores (y qué quedaría inserto en cada uno de ellos) entrarían en el estudio que exige toda planificación de ventas?**

5.1. Cobros de las ventas

Es la operación que inicia el vendedor-acreedor para conseguir cobrar del comprador el importe que le debe.

Los cobros de las ventas se pueden obtener por medios directos o indirectos. Son medios directos los que suelen ser corrientes en las ventas al **contado** (entrega de la mercancía contra entrega de su importe en efectivo). Pero en los medios indirectos participan toda clase de formas de crédito, los documentos de cambio y los bancos y otros estamentos intermediarios.

El principal medio de obtener los cobros es la **letra de cambio,** que es uno de los documentos de cambio de mayor importancia y uso en el tráfico mercantil (los medios de cobro de las ventas son los mismos que los del pago de las compras).

5.1.1. Letra de cambio

Es un documento en el que una persona (librador) ordena a otra (librado) que pague a un tercero (tomador), o a la persona a quien ordene el tomador, cierta cantidad de dinero en lugar y fechas determinados. La esencia legal y técnica de este documento permite que sea extendido sin que el **librador,** en el momento de dar la orden de pago, sea verdadero acreedor, con lo cual la letra de cambio adquiere un nuevo carácter. Como documento de cobro tiene el carácter de documento de cambio, en esta nueva forma constituye un documento de crédito.

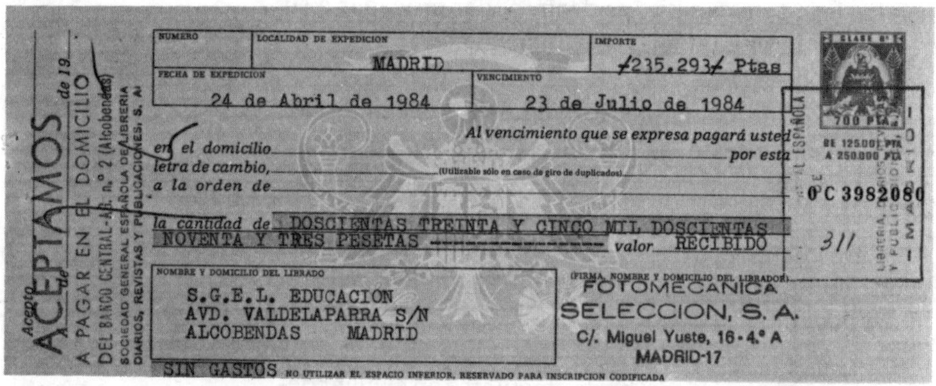
Acepto
ACEPTAMOS de de 19
A PAGAR EN EL DOMICILIO
DEL BANCO CENTRAL-AG. n.º 2 (Alcobendas)
SOCIEDAD GENERAL ESPAÑOLA DE LIBRERIA DIARIOS, REVISTAS Y PUBLICACIONES, S. A.

NUMERO

LOCALIDAD DE EXPEDICION: MADRID

IMPORTE: ≠235.293≠ Ptas

FECHA DE EXPEDICION: 24 de Abril de 1984

VENCIMIENTO: 23 de Julio de 1984

Al vencimiento que se expresa pagará usted por esta letra de cambio, en el domicilio
(Utilizable sólo en caso de giro de duplicados)
a la orden de
la cantidad de DOSCIENTAS TREINTA Y CINCO MIL DOSCIENTAS NOVENTA Y TRES PESETAS ---------------- valor RECIBIDO

NOMBRE Y DOMICILIO DEL LIBRADO
S.G.E.L. EDUCACION
AVD. VALDELAPARRA S/N
ALCOBENDAS MADRID

(FIRMA, NOMBRE Y DOMICILIO DEL LIBRADOR)
FOTOMECANICA
SELECCION, S. A.
C/. Miguel Yuste, 16 - 4.º A
MADRID-17

CLASE 8.ª
700 PTA
DE 125.001 PTA A 250.000 PTA
0C 3982080
311
LIBRERIA, DIARIOS, REVISTAS Y PUBLICACIONES
— MADRID —

SIN GASTOS NO UTILIZAR EL ESPACIO INFERIOR, RESERVADO PARA INSCRIPCION CODIFICADA

La mayoría de las letras que se extienden *a cargo de* los clientes, y las que son aceptadas por éstos, son cedidas por el vendedor o tenedor a favor de un banco para que éste se encargue de efectuar el cobro. *al cuidado de*

Los bancos pueden realizar simplemente el cobro y abonarlo en la cuenta del cedente o bien abonar por adelantado el importe de las letras en la cuenta del cedente, antes de su vencimiento. Esta operación se denomina negociación de letras. En el primer caso, los bancos sólo cobran los gastos y la **comisión** por efectuar la operación. En el segundo caso cobran, además, los intereses por adelantar el dinero al *cedente* de las letras. *el que cede*

Cuando una letra se presenta a la aceptación del *librado* y éste no la *acepta,* se debe proceder a su **protesto.** Igualmente se debe proceder al protesto de una letra cuando, llegado su *vencimiento,* el librador no la paga. *persona contra la que se libra una letra* *admite* *término de un plazo*

El protesto consiste en un acto notarial que acredita que el *tenedor* de la letra la presentó debidamente y a su tiempo al librador para que la aceptara, o para que la pagara en su vencimiento. El protesto es de gran trascendencia para poder ejercitar la *acción ejecutiva* que tienen las letras de cambio, es decir, poder proceder a su cobro con la ayuda del poder judicial. *el que tiene en su poder una letra* *asegura la ejecución*

Pero han de cumplirse los requisitos legales para efectuar el protesto de las letras, que según la ley son:

— En cuanto al tiempo: ha de efectuarse antes de las veinte horas del día siguiente al que se hubiera negado la aceptación o el pago.

— En cuanto al lugar: ha de efectuarse en el lugar designado por la letra, o en su defecto en el domicilio que tenga actualmente el librado, y *a falta de* ambos, en el último domicilio que se le hubiere conocido. *carente de*

Por último, las letras de cambio prescriben, es decir, pierden todo su valor a los tres años de su vencimiento, hayan sido o no protestadas.

EJERCICIOS

- **Conteste a las siguientes preguntas:**
  - **¿Cómo se pueden obtener los cobros de las ventas?**
  - **¿Qué es una letra de cambio?**
  - **¿Qué requisitos legales son necesarios para efectuar el protesto de una letra?**
- **Ejercicio de elección múltiple. Indique la opción correcta.**
  - **Las letras de cambio prescriben a los:**
    a) cinco años,
    b) dos años,
    c) tres años.
  - **El protesto de la letra ha de efectuarse:**
    a) después de 24 horas,
    b) después de 20 horas,
    c) después de las 20 horas del día siguiente.
  - **El protesto de la letra ha de efectuarse, si no puede hacerse en el lugar designado en la misma:**
    a) en el domicilio del librado,
    b) en el domicilio del vendedor,
    c) en el domicilio del tenedor.

5.2. Mecanización de tareas rutinarias

Los ordenadores son máquinas diseñadas para poder realizar trabajos rutinarios, estando dotados de gran capacidad para ejecutar a gran velocidad un pequeño número de operaciones elementales distintas. Un ejemplo idóneo puede ser el de la mecanización de una tarea administrativa: la **facturación.**

La oficina en cuestión ocupa una habitación. En dicha habitación existe una ventanilla de recepción o entrada (1), por donde el empleado recibe los **albaranes** (2) que contienen la lista de pedidos efectuados a la empresa. El empleado necesita tener "in situ" y a la vista todas las normas detalladas para efectuar su trabajo. Para ello se ayuda de un tablero (3) donde coloca en primer lugar el albarán que toma de la ventanilla de entrada. Cada albarán contiene básicamente el nombre del cliente que efectúa el pedido, el tipo de artículos que solicita y la cantidad de los mismos. Previamente, sobre el tablero, ha situado un papel que contiene la lista de precios de los artículos y otro con información sobre el tipo de **descuentos** que cabe aplicar a algunos clientes. Por último, sobre el citado tablero coloca una lista de las normas que debe seguir para efectuar el trabajo concreto de facturación. A fin de facilitar la ejecución de operaciones de tipo aritmético, el empleado dispone, asimismo, de una calculadora (4).

El empleado rellena el documento de facturación con los datos y resultados correspondientes al cliente y

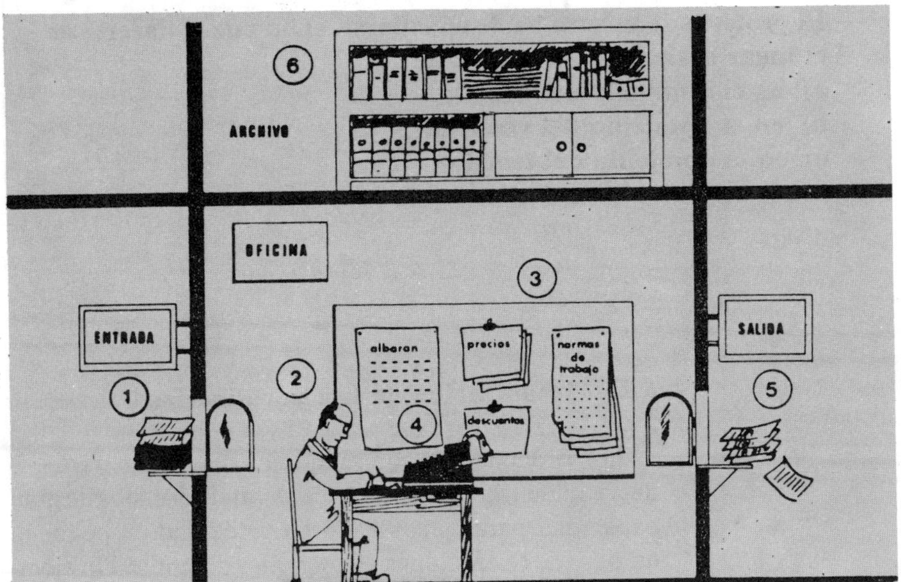

La ejecución de un trabajo administrativo

los artículos solicitados y deposita dicho documento **(factura)** sobre la ventanilla de salida (5).

Es posible que el administrativo tenga limitación de espacio disponible para almacenar toda la información que necesita para llevar a cabo su trabajo. Por tal motivo, se verá obligado a utilizar algo así como una ampliación, concretamente una biblioteca o archivo (6), que puede encontrarse en otra habitación, donde haya una serie de ficheros que guarden la información utilizable por el administrativo. En un ordenador, lo que anteriormente constituía la "oficina" ahora es la U.C.P. (Unión Central de Proceso), C.P.U. en terminología inglesa.

El elemento E, u órgano de entrada de la información del exterior, sustituirá a la ventanilla de la oficina. El elemento U.C., o unidad de control, órgano director de todas las tareas y supervisor, cumple las funciones del administrativo. El elemento M.C., o memoria central, donde se almacenan datos y programas, viene a sustituir el tablero de la oficina. El elemento U.A.L., o unidad aritmética y lógica, que efectúa una serie de operaciones elementales y que viene a reemplazar la pequeña

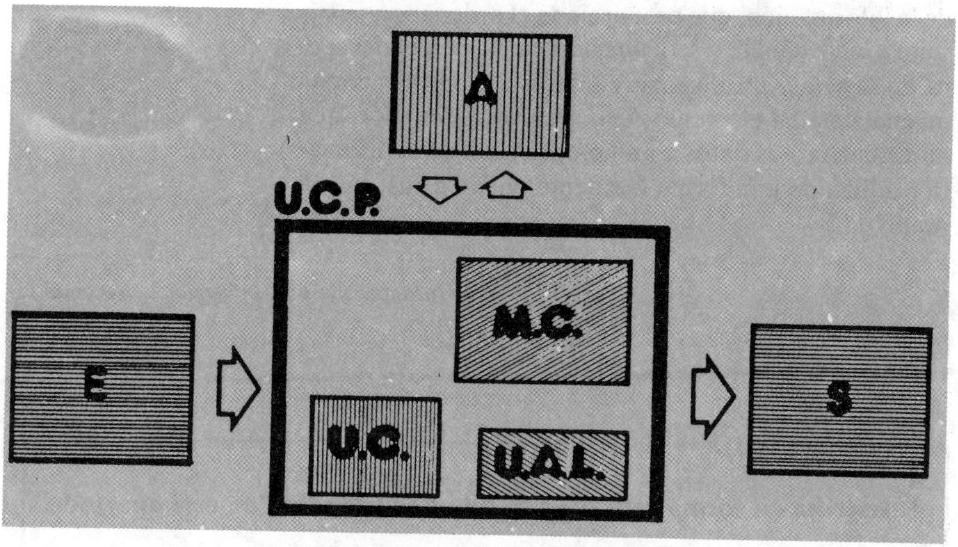

Los órganos básicos de un ordenador

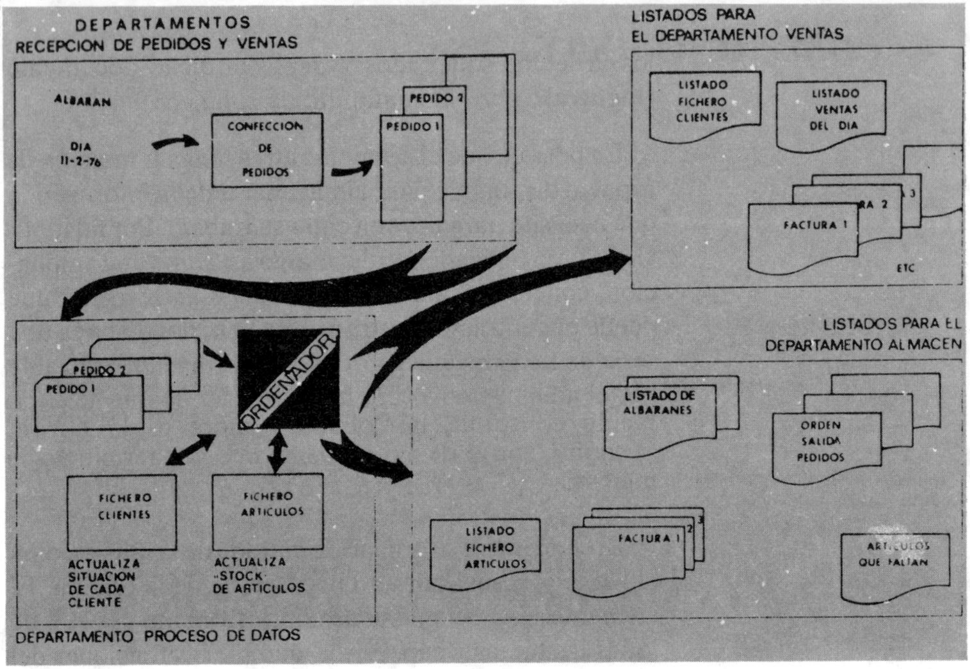

El análisis funcional estudia la información de entrada, la información procesada por el ordenador y la de salida proporcionada. Ejemplo simplificado de facturación.

calculadora de mesa. El elemento S, u órgano de salida de la información, que proporciona el ordenador, sustituirá a la ventanilla y será una impresora, una perforadora de tarjetas, un dispositivo de grabación de cintas magnéticas. El elemento A, o archivo ordenador, que almacena tantos datos como programas que el ordenador utiliza de una forma frecuente, viene a sustituir al archivo.

(*Introducción a la Informática*. Secoinsa.)

EJERCICIO

- **Escriba en forma resumida lo que ha aprendido en este apartado.**

6. COMERCIO EXTERIOR

Comercio exterior

La alarma que había cundido tras conocerse los resultados del primer bimestre del año ha vuelto ahora tras hacerse público el avance de los datos de abril. La situación de nuestro sector exterior es preocupante, y cada vez parece más difici! la consecución de los objetivos que marcó el Gobierno a principios de año.

Durante el mes de abril, las importaciones totalizaron 341.226 millones de pesetas, alcanzando un crecimiento interanual del 14,2 por 100. Por su parte, las exportaciones ascendieron a 173.619 millones de pesetas, superando tan sólo en un 1,8 por 100 a las del mismo mes del año anterior. Con ello, el déficit comercial se situó en los 167.607 millones de pesetas, y la tasa de cobertura descendió a la bajísima cota de 50,9 por 100. Expresando los resultados en dólares, el déficit comercial de abril se elevó a 1.233,8 millones, superando en un 2,0 por 100 al de abril de 1982, mientras que la variación de las importaciones fue del –10,8 por 100 y la de las exportaciones del –20,5 por 100.

Por lo que se refiere a los resultados acumulados del primer cuatrimestre, las importaciones medidas en pesetas totalizaron 1.346.001 millones, alcanzando un crecimiento interanual del 22,4 por 100; en dólares ascendieron a

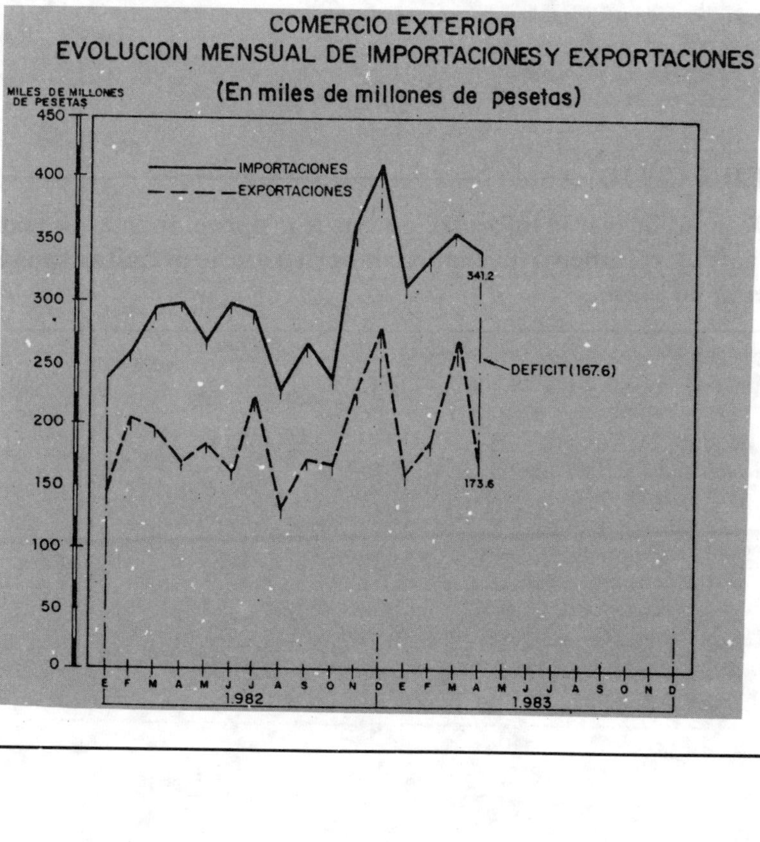

10.241,1 millones y registraron una caída interanual del −4,8 por 100. En cuanto a las exportaciones, totalizaron en pesetas 793.980 millones, superando en un 10,8 por 100 a las del primer cuatrimestre de 1982; en dólares ascendieron a 6.035,8 millones, y su caída fue del −14,1 por 100. De este modo, el déficit se elevó a 552.021 millones de pesetas, superando en un 44,3 por 100 al del primer cuatrimestre de 1982; medido en dólares, totalizó 4.206,3 millones, y el crecimiento interanual fue del 12,7 por 100.

(*Comercio-Industria,* n.º 38, julio 1983. Cámara de Comercio e Industria de Madrid.)

Las Cámaras de Comercio y la CEOE colaborarán en las exportaciones

Madrid

El Consejo Superior de Cámaras de Comercio y la CEOE han suscrito un acuerdo de cooperación de las distintas actividades que deben desarrollarse para fortalecer el comercio exterior de España, facilitando el crecimiento de las exportaciones, en colaboración con el Gobierno. El acuerdo prevé la creación de un comité permanente de coordinación que asegure la colaboración de las dos organizaciones y mejore las actividades en materia de comerio exterior y de relaciones con la Administración.

El comité permanente de coordinación tendrá como funciones esenciales el intercambio de información, complementar y coordinar las acciones de las dos organizaciones, evitar duplicidades y llevar a cabo acciones conjuntas. El comité estará compuesto por 10 miembros, 5 de cada organización, y contará con un presidente y un vicepresidente alternantes y procedentes de las dos organizaciones.

(El País.)

EJERCICIO

- **Después de leer la información que le proporcionan estos textos, redacte un resumen o un cuadro sinóptico que le permita exponer el tema en clase.**

6.1. Tipos de pólizas

Asegúrese de que su exportación es un negocio seguro.

Porque CESCE asegura los riesgos que pueden surgir durante las dos fases de la operación comercial:

RIESGOS DE RESOLUCION DE CONTRATO.
Pueden darse en el período de fabricación de la mercancía o cuando el servicio aún no se ha prestado.

RIESGOS DE CREDITO.
Que pueden tener lugar en la fase del cobro de mercancía o servicio.

Durante estas dos fases, CESCE asegura la cobertura de riesgos tales como:

RIESGOS POLITICOS O EXTRAORDINARIOS.
Guerras, revoluciones, cambios políticos, terremotos, inundaciones y todos aquellos sucesos análogos que impidan el cumplimiento del contrato. También la demora en el pago superior a los seis meses de la fecha establecida.

RIESGOS COMERCIALES.
Insolvencia de hecho o derecho.
Teniendo en cuenta las dificultades prácticas de la comprobación de una insolvencia, se ha establecido que el mero transcurso del tiempo sin que se haya verificado el pago crea una presunción de insolvencia que da lugar a la procedente indemnización al exportador.
Consulte a CESCE sobre su caso concreto. Verá que existen modalidades de póliza adecuadas a su problema. Incluso para riesgos de prospección de mercados o asistencia a ferias.
Pida que le expliquen los porcentajes de cobertura del riesgo y su contraprestación económica.
Quedará gratamente impresionado.

CESCE

COMPAÑIA ESPAÑOLA DE SEGUROS DE CREDITO A LA EXPORTACION, S.A

Modalidades de pólizas CESCE.

POLIZA	RIESGOS	ASEGURADO	DEUDOR	LIMITE MAXIMO COBERTURA % R POL	R COM	BASE INDEMNIZABLE
De compradores públicos	Resolución del contrato	Exportador	Comprador y/o avalista	90/95	—	Precio de costo
	Crédito	Exportador	Comprador y/o avalista	90/95	—	Importes impagados
De compradores privados	Resolución del contrato	Exportador	Comprador y/o avalista	90/95	85/90	Precio de costo
	Crédito	Exportador	Comprador y/o avalista	90/95	85/90	Importes impagados
Global y global espec.	Crédito	Exportador	Comprador y/o avalista	90/95	85/90	Importes impagados
De garantías bancarias de financiación y prefinanc.	Prefinanciación	Entidad de Crédito	Exportador cliente del asegurado	—	85/90	Importe impagado del principal del crédito asegurado
	Financiación o garantía complement.	Entidad de Crédito	Exportador cliente del asegurado	—	85/90	Importe impagado del principal del crédito asegurado
De créditos de comprador	Crédito a Comprador	Entidad de Crédito	Comprador extranjero o titular del crédito	95	90	[illegible]
De prospección de mercados	[illegible]	Exportador	—	[illegible]		[illegible]
De asistencia a ferias	[illegible]	Exportador	—	[illegible]		[illegible]
De elevación costos	[illegible]	Exportador	—	[illegible]		[illegible]
De riesgos de cambio	[illegible]	Exportador	—	[illegible]		[illegible]
De obras y trabajos en el extranjero	[illegible]	[illegible]	[illegible]	[illegible]	[illegible]	[illegible]
	[illegible]	[illegible]	[illegible]	[illegible]	[illegible]	[illegible]
Inversiones en el exterior	[illegible]	[illegible]	[illegible]	[illegible]	[illegible]	[illegible]
Créditos documentarios	[illegible]	[illegible]	[illegible]	[illegible]		[illegible]

CIA. ESPAÑOLA DE SEGUROS
DE CREDITO A LA EXPORTACION, S. A.
C. E. S. C. E.

Registro Mercantil de Madrid.
Tomo 2718 - 2048 - 3.ª; Folio 1; Hoja 18406;
Inscripción 1.ª; Fecha 23-7-71 - Núm. I. F. A/28/264034

Paseo de la Castellana, 147
Teléfonos: 279 49 00 - 279 59 00
Telex núm. 23577 CESCE-E - MADRID-16

Riesgos Comerciales, Políticos y Extraordinarios

Solicitud número ....

~~CORTO PLAZO~~ ☐
MEDIO » ☐
LARGO » ☐

(A rellenar por la Compañía)

SOLICITUD DE COBERTURA (Operación individual)

COBERTURAS SOLICITADAS

Riesgo de RESOLUCION DE CONTRATO ... ... ☐

Riesgo de CREDITO ... ... ☐

1

EXPORTADOR

NOMBRE o RAZON SOCIAL ....

Domicilio Social ....

Teléfono .... Número de télex ....

REPRESENTANTE en Madrid ....

Domicilio .... Teléfono ....

¿Es titular de Carta de Exportador individual de 1.ª categoría? SI ☐ NO ☐

Período de vigencia ....

2

IMPORTADOR

NOMBRE o RAZON SOCIAL ....

Dirección ....

Naturaleza jurídica del comprador ....
(Sociedad Privada u Organismo Público)

País del importador ....

Deudor ....

País del deudor ....
(si es diferente al país del importador)

3

OBJETO DEL CONTRATO

Bienes a exportar ....
....
....
....
....
....
....

Servicios ....
....
....

4

Material o servicios extranjeros

Materiales .... Importe ....
Servicios .... Importe ....
Porcentaje en relación con el principal ...... %
Porcentaje en relación con el principal ...... %

ML/CP 1

CIA. ESPAÑOLA DE SEGUROS DE CREDITO A LA EXPORTACION, S. A. (CESCE)
Paseo de la Castellana, 147 - MADRID-16 - Teléfs. 279 49 00 - 279 59 00 - Telex 23577 - CESCE-E y 45369- CESCE-E.

89

SOLICITUD DE COBERTURA (OPERACION INDIVIDUAL)
CORTO PLAZO (Duración máxima de los créditos, hasta tres años)

Riesgo de Resolución de Contrato .... ☐
Riesgo de Crédito .... ☐

Riesgos comerciales, políticos y extraordinarios.

EXPORTADOR

NOMBRE O RAZON SOCIAL
Domicilio Social
Teléfono N.º de Telex

¿Es titular de Carta de Exportador de 1.ª categoría? SI ☐ NO ☐

IMPORTADOR

NOMBRE O RAZON SOCIAL
Dirección
Sociedad Privada o Pública PAIS DEL IMPORTADOR
DEUDOR
Dirección PAIS DEL DEUDOR

OBJETO DEL CONTRATO Firmado en fecha Sin firmar ☐

BIENES O SERVICIOS A EXPORTAR:

Material o servicios extranjeros. Ptje.:

IMPORTE A PRECIO COSTE (sólo Riesgo de Resolución). Ptas.: ____________
IMPORTE A PRECIO VENTA
(en moneda contractual)

Principal ....
Intereses ....
Otros conceptos ....
TOTAL ....

PLAZO DE EJECUCION

CONDICIONES DE PAGO:

GARANTIAS DE PAGO O AVALES:
Dirección del Avalista:

MUY IMPORTANTE: Rogamos nos acompañen fotocopia del contrato o pedido, si obra en su poder.

NOTA.—Esta solicitud deberá remitirse, acompañada de cheque extendido a nombre de la Compañía o mediante el ingreso en metálico en la Caja de la misma, por los gastos de estudio correspondientes, siguiendo el siguiente baremo:

Hasta Ptas. 500.000	500
De Ptas. 500.001 hasta Ptas. 1.000.000	1.000
De Ptas. 1.000.001 en adelante	1.500

En ...., a .... de .... de 19 ....
(Sello y firma del exportador)

Registro Mercantil de Madrid, tomo 2718 - 2048-3.ª, folio 1, hoja 18406; inscripción 1.ª, fecha 23-7-71 - Núm. 1. F. A/28/264034.

CP-73

6.2. Aduanas

Aduana es una palabra de origen árabe que significa oficina. Según las disposiciones de casi todos los países, consideramos la aduana como el conjunto de oficinas, recintos *acotados,* almacenes y locales donde se llevan a cabo las funciones de comprobación y vigilancia del paso de mercancías. Las aduanas pueden ser terrestres o marítimas, incluyéndose entre las primeras las que corresponden a puertos de navegación aérea.

fijados, cerrados

Puerto franco es aquel en el que la entrada o salida de mercancías a través de él queda libre de cualquier **impuesto** o derecho. Existen también "zonas francas" que son franjas o extensiones de terreno situadas en el litoral y aisladas de cualquier núcleo urbano, con puerto propio o muy cercano y en el término jurisdiccional de una aduana marítima de primera clase, en cuyo recinto pueden entrar las mercancías exentas de derechos **arancelarios** y otros que se determinen, y en las que, además, pueden instalarse todo tipo de industrias, siendo la única limitación la defensa natural de la economía nacional.

6.3. Legislación aduanera

Está condensada en las Ordenanzas Generales de Aduanas, de 14 de noviembre de 1924, y esta complementada por 29 apéndices. Posteriormente estos *apéndices* han quedado reducidos a cinco, según el decreto de 17 de octubre de 1947.

que se añade para completar

Se llama Renta de Aduanas al impuesto de producto que se percibe en razón del paso de las fronteras en cualquiera de las direcciones, especialmente cuando se trata de entradas de mercancías en el país que cobra dicho impuesto, según unas determinadas **tarifas** que constituyen en conjunto el **arancel.**

fijando, marcando

Así pues, los derechos arancelarios son los **gravámenes** que los Estados aplican a las importaciones de **bienes** o **servicios** en sus respectivos países. Los podemos clasificar en "derechos específicos": aquellos que se fijan *señalando* una suma de dinero por unidad de cantidad, volumen, peso, etc.; "derechos ad valórem": son los que se fijan en un porcentaje determinado sobre el valor de los bienes o servicios que se importan. También pueden ser "derechos mixtos": gravámenes que se componen de un derecho específico y otro ad valórem; "derechos alternativos": constan de un derecho específico y otro ad valórem, aplicándose solamente uno de ellos, y "derechos estacionales": aquellos que se aplican sólo en determinadas épocas del año para proteger algunos productos o sectores.

por contrato

El **arancel** a su vez puede ser: autónomo y convencional o tarifa arancelaria *contractual,* según quede fijado por un solo país o de acuerdo entre las partes interesadas. Además, el arancel puede ser de tarifa única, tarifa doble y tarifa de más de dos columnas. Los primeros son aquellos a los que, cualquiera que sea el origen o destino de la mercancía, se les aplican los mismos derechos. Los de **tarifa** múltiple son los que, según sea el país de procedencia o destino de la mercancía, así son los derechos que se le aplican.

influencia, grado de importancia

España tiene un arancel de exportación y otro de importación, teniendo el segundo mucha más importancia debido a su *incidencia* en los ingresos económicos. La estructuración de los aranceles vigentes en España hasta 1960 se basaba en un **decreto** del año 1922, revisado en 1942. Al entrar España a formar parte de organismos internacionales de cooperación económica se ha visto obligada a realizar una reestructuración de los aranceles. El 30 de mayo de 1960, mediante un decreto, se introdujo la llamada nomenclatura de Bruselas y se dividen en 21 secciones y 99 artículos. Los derechos se basan casi en su totalidad en el sistema ad valorem en vez del específico; también se establecen derechos transitorios y derechos móviles.

EJERCICIOS

- **Responda:**
  - **— ¿Qué tipo de oficina es una aduana?**
  - **— ¿Qué quiere decir "zona franca"? ¿Y "puerto franco"?**
  - **— ¿Existen limitaciones?**
- **Diseñe un cuadro sinóptico sobre la legislación aduanera.**
- **Busque información del sistema de aduanas entre los países pertenecientes al Mercado Común y escriba un informe.**

7. HUMOR

YA HACE CINCUENTA AÑOS DE LA CRISIS DE 1929
¡Y TODAVÍA LO ESTAMOS CELEBRANDO!
RAMON

RAMON
CAJA
¡A VER! SU LICENCIA DE ARMAS, NO CREA QUE NOS VAMOS A DEJAR ATRACAR POR EL PRIMERO QUE LLEGA

RAMON
ESTAN BUSCANDO UN NUEVO ORDEN ECONÓMICO MUNDIAL
ES IGUAL, VERAS CÓMO A NOSOTROS NOS SIGUE TOCANDO TRABAJAR

RAMON
LA CRISIS ECONOMICA SE ESTA ACABANDO. DENTRO DE POCO EMPEZARÁ LA DEL AÑO QUE VIENE

EJERCICIO

- **Los alumnos escriben una pequeña composición sobre los temas que sugieren los chistes, aplicando los conocimientos que han adquirido.**

III GLOSARIO / GLOSSARY GLOSSAIRE / GLOSSAR

Español	Inglés	Francés	Alemán
A			
abono	payment	paiement	Gutschrift
accesible	accesible	accesible	zugänglich
aceptar (letra)	to accept a bill	accepter une lettre de change	einen Wechsel bezahlen
acción	share	action	aktie
accionista	shareholder	actionnaire	Aktionär
acreedor	creditor	créancier	Gläubiger
acta	record, act of corporation	acte	Akte
activo	assets	actif	Aktiva
acuerdo	agreement	accord	Abkommen, Vertrag
acusar recibo	to acknowledge receipt	accuser réception	den Empfang bestätigen
adjudicar	to allot	assigner	zuteilen
aduana	customhouse	douane	Zoll
adeudar	to debit, to owe	débiter	schulden
afianzar	to guarantee	garantir	bürgen
agente de aduana	customhouse agent	agent de douane	Zoll makler
agente de Bolsa	stockbroker	agent de change	Börsen makler
ahorro	saving	épargne	Ersparnis
albarán	invoice, delivery note	bulletin de livraison	Lieferschein, Warenrechnung
almacenaje	storage	emmagasinage	einlagerung
almacén	store, warehouse	magasin, entrepôt	Warenlager
alza	rise, increase	hausse	hausse
alusión	reference, allusion	allusion	anspielung
amortización	amortization, redemption	amortissement	amortisation
anticipo	advance	avance	vorschuss
apoderado	proxy, attorney	fondé de pouvoir, mandataire	Bevollmächtigter

Español	Inglés	Francés	Alemán
aportación	contribution	apport	Beitrag
apremiar	to press	presser	drängen
arancel	customs tariff	tarif douanier	Zeitlohn
archivo	filing cabinet	classeur, archives	Archive
asesorar	to give legal advice	conseiller	beraten
asiento contable	book entry	écriture comptable	Bucheintragung
asignación	allocation	allocation	zuweisung
autorización	warrant	autorisation	bewolmächtigung
aval	guarantee, endorsement	aval, garantie	aval, wechselbürgeschaft

B

baja de	drop	baisse	niedrig
balanza de pagos	balance of payments	balance des paiements	Zahlungsbilanz
balance	balance	bilan	Bilanz
banco	bank	banque	Bank
banco comercial	commercial bank	banque commerciale	Handelsbank
bancarrota	bankruptcy	banqueroute	bankrott
banco de crédito	credit bank	banque de crédit	Kreditbank
banco de depósito	deposit bank	banque de depôts	Depositenbank
banco de emisión	bank of issue	banque d'emission	Notenbank
banquero	banker	banquier	bankier
beneficio	profit, benefit	profit	Gewinn
beneficiario	beneficiary, payee	beneficiaire	Beneficient, Zahllungsempfänger
bienes	goods	biens	Güter
bienes de consumo	consumer goods	biens de consommation	Konsumergüter
bienes de producción	producer's goods	biens de production	Produktionsgüter
boletín	bulletin, report	bulletin, journal	zettel
Bolsa	stock exchange	bourse des valeurs	Wertpapier börse
bolsín	curb market, outside market	bourse de seconde importance	nachbörse
bonificación	allowance, bonus	bonification, prime	Vergütung Bonifikation
bono	bond	bon	Gutshein, bon

C

cablegrama	cablegram	câblogramme, câble	Kabelnachricht
caja	cash	caisse	kasse
Caja de Ahorros	Savings bank	Caisse d'épargne	Sparkasse

Español	Inglés	Francés	Alemán
cambio	exchange	change	Wechsel
campaña publicitaria	advertising compaign	campagne publicitaire	Publicitäts kampagne
candidato	candidate	candidat	Kandidat
capital	capital	capital	Kapital
cargo	charge	débit	Debet
carta de caución	letter of guarantee, bail	lettre de cautionnement	Kaution Burgschaft
censor de cuentas	auditor	auditeur	Rechnungsprüger
certificación	certificate	certificat	zertificat
circular	circular	circulaire	rundschreiben
circulación fiduciaria	fiduciary circulation	circulation fiduciaire	fiduziärer
cliente	client, customer	client	kunde
código	code	code	Gesetzbuch
Código Civil	Civil code, Law	Code civil	bürgesliches Gestzbuch
Código de Comercio	Commercial Law	Code de Commerce	Handelsgesetz buch
coeficiente	liquidity ratio, current ratio	coefficient	Koeffizient
comisión	commission	commission	Ausschuss
comisionista	commission agent	commissionaire	Kommissionär
compañía	company, society	compagnie	gesellschaft
Compañía de Seguros	Insurance Company	Compagnie d'assurances	Versicheruns-gesellschaft
compensación	compensation	compesation	Ausgleich
compra	purchase	achat	Kauf
comprobante	voucher	recepissé, certificat	beleg
comunicación	communication	communication	Mitteilung
computar	to compute	computer	ausberechnen
condiciones de pago	terms, conditions	conditions de paiement	Zahlungsbedingungen
confidencial	confidential	confidential	vertraulich
confirmar	to confirm, ratify	confirmer	bestätigen
consignación	consignment	consignation	Konsignation
consignatario	consignee	consignataire	Konsignatar
consumo	consumption	consommation	Konsum
contabilidad	accounting	comptabilité	Buchführung, Rechnungswesen
contencioso	litigious, contentious	contentieux	streit
contra rembolso	C.O.D. cash on delivery	livraison contre remboursement	zahlbar bei Lieferung
contrato	contract	contract	Kontrakt
contribución	tax, contribution	contribution	Beitrag, Steuer
cooperativa	cooperative	cooperative	Genossenschaft
corresponsal	correspondent, agent	correspondant, agent	geschäftsfreund
corredor de comercio	general broker salesman	broker agent	makler

Español	Inglés	Francés	Alemán
convenir	to agree, arrange	S'accorder, convenir	erledigen
convenio	agreement	accord	Abkommen
conversación	talk	conversation	gespräch
coste	cost	coût	Kosten
costumbre	custom, habit	coutume, habitude	Gebrauch, Sitte
cotización	quotation	cote	Notierung
credencial	credencial	de créance	Bestallung surkunde
crédito	credit	crédit	Kredit
crédito a medio plazo	medium term	à moyen terme	Mittelfustiger Kredit
crédito a largo plazo	long term	à long terme	langfristiger Kredit
cuenta	account	compte	Konto
cuenta de ahorro	savings account	compte d'epargne	Sparkonto
cuenta corriente	current account	compte courant	Kontokorrent
cuenta a plazo	fixed deposits	depots á terme fixe	Termineinlagen
cumplimentar	to execute, to fill	exécuter	ausführen
cuota	quota	quote	quote

CH

cheque	cheque, check	chéque	scheck

D

debe	debit, liabilities	débit	debet
decreto	decree	décret	verordnung
decreto-ley	act	act	Akte
delegación	delegation, branch	délégation	delegation
demanda	demand	demande	Nachfrage
departamento	department	département	Abteilung
depósito	deposit	depôt	Depot, Einlage
depreciación	depreciation	dépréciation	Entwertung
derecho	law, right	droit	Recht
Derecho Administrativo	Administrative Law	Droit Administratif	Verwaltungsrecht
Derecho Mercantil	Commercial Law	Droit Commercial	Handelsrecht
descuento	discount	escompte	Diskont
desembolso	disbursement	déboursement	Ausgabe
desempleo	unemployement out of work	chômage	Arbeitslosigkeit
despacho de mercancías	forwarding	expédition	güterabfertigung

Español	Inglés	Francés	Alemán
desestimar	to reject, to refuse	débouter, rejecter	verachten
detallista	retailer	détaillant	Kleinhändler
deudor	debtor	débiteur	Schuldner
devaluación	devaluation	dévaluation	Abwertung
devolución de letras	refund	remboursement	Rückerstattung
dibujo industrial	industrial design	dessin industriel	eingetragenes Muster
director	general manager	directeur général	Direktor general
diseño	design	dessin	Zeichnung, Skizze
disolución	dissolution	dissolution	Auflösung
disposición	provision	provision	Bestimmung, Vorsorge
divisas	foreign exchange	dévises	Devisen
documentación	documentation	documentation	Dokumentation
duplicado	duplicate	duplicata	doppelt

E

efecto comercial	commercial paper	effect commercial	Handelspapier
ejecutivo	executive	executive	Leitender
emisión	issue	émission	Emission
empleo	employement	emploi	Anstellung
empresa	firm, entreprise company	enterprise	Unternehmen
empréstito	loan	emprunt	Anleihe
endosar	to endorse	endosser	Indossieren
entidad	company, body, organization	organisme	Korporation Körperschaft
escritura	deed, bill	acte, titre de proprieté	Urkunde
estadística	statistics	statistique	Statistik
estar surtido	to be provided	être assorti	halten vorrat
estatuto	statute	statut	Statut
estimación	estimate	estimation	schatzung
estipular	to stipulate	stipuler	festsetzein
existencia	stock	stocks	vorrat
expediente de proveedores	record of suppliers	dossier de fournisseurs	Lieferantenbuch
expedición	shipping, dispatch	expédition, envoi	abfertigung
exportación	export	exportation	Ausfuhr, Export

F

fabricación	manufacturing	fabrication	Fabrikation
factura	invoice, bill	facture	Faktura

Español	Inglés	Francés	Alemán
fianza	bail, security	caution, garantie	Kaution Bürgschaft
financiar	to finance	financier	finanzieren
flete	freight	frêt	Fracht
fondo	fund	fonds	Fond
franco bordo	free on board	franco d'abord	frei an Bord
Fueros Municipales	Municipal Code of Laws	Municipal Code des Lois	Gerechtsame einer Stadt
función ejecutiva	executive duty	fonction exécutive	Exekutivfunktionen
fundación	foundation	fondation	Gründung
fusión	merger	fusion	Fusion

G

ganancia	profit	gain	Gewinn
gananciales	acquest	acquêts	Gewinn
garantía	bail	garantie	Kaution
gasto	expenditure	depense, frais	Ausgaben
gerencia	management	gérance	geschäftsführung
giro	drawing	virement	Tratte, Giroüberweisung
giro postal	postal order	mandat poste	Postanweisung
giro telegráfico	telegraphic money order	mandat télégraphic	telegrafische Auszahlung
gravamen	assessment	impôt, charge	Belastung, Taxierung

H

haber	credit, assets	avoir	Haben
hacienda	finance	finances	Finanz
hipoteca	mortgage	hypothéque	Hypothek
honorarios	fees	honoraires	Honorar

I

impagados	unpaid	impayé	unbezahlt
importación	import	import	importation
imposición	imposition	imposition	Auslage
impreso	form, printed	imprimé	vorgedruckt
impuesto	tax, duty	impôt, taxe	Steuer
impuesto indirecto	excise	impôt indirect	Verbrauchssteuer
impuestos especiales	special tax	impôt spécial	Sondersteuer

Español	Inglés	Francés	Alemán
impuesto sobre el lujo	luxury tax	taxe de luxe	Luxussteuer
impuesto sobre el tráfico de empresas	corporation tax	impôt sur les societés	Korperschaftssteuer
impuesto sobre el valor añadido (IVA)	value added tax (VAT)	tax sur la valeur ajouté (TVA)	Mehrwertssteuer
impugnación	impugnment	réfutation	Anfechtung
incrementar	to increase	augmenter	erhöhen
inestabilidad	instability	instabilité	unbeständigkeit
inflacion	inflation	inflation	inflation
ingreso, renta	income, revenue	revenu	Einkommen
inmueble	realty	inmeuble	inmobilien
intercambio	exchange	échange	Austausch
interés	interest	interêt	Zins
inventario	inventory, stocktaking	inventaire	Inventar
inversión	investment	investissement	investition
Instituto de crédito	Credit Institution	Institution de crédit	Kreditinstitut
invalidez	invalidity	invalidité	Erwerbsunfähigkeit

J

jubilación	pensión, retirement	retraite, pension	pension
jurisprudencia	jurisprudence	jurisprudence	Jurisprudenz
justificante	voucher	justificatif	beleg

L

legislación	legislation	législation	Gesetzgebung
letra de cambio	bill of exchange	letre de change	Tratte
ley	law, bill, act	loi, acte	Gesetz, Akte
leyes civiles	civil laws	lois civiles	bürgerliche Gesetz
leyes mercantiles	Commercial laws	lois commerciales	Handelgesetz
librador	drawer	tireur	trassant
libramiento	draft	virement	Ausstellung
librar una letra	to draw a bill	tirer une lettre	einen Wechsel ziehen
libre competencia	free competence	concurrence libre	freier Wettbewerb
licencia	licence	licence	Lizenz
liquidación	settlement, clearing sale	vente de liquidation	Abrechnung, Ausverkauf
liquidez	liquidity	liquidité	Liquidität
líquido	liquid	liquid	flüssig

Español	Inglés	Francés	Alemán

—M—

marca de fábrica	brand, trade mark	marque de fabrique	Märke
margen	margin	marge	Spanne
materia	stuff, matter	matière	materie
materia prima	raw material	matière premiére	Rohstoff
mayorista	wholesailer	grossiste	Grosshändler
marca colectiva	collective mark	marque collective	Kollectivmarke
marca comercial	trade mark	marque de commerce	Handesmarke
marca gráfica	pictorial trade mark	marque consistant en une image	Bildzeichen
marca nominativa	trade mark consisting of words	marque nominale	Wortzeichen
marca de servicio	service mark	marque de service	Dienstleistung-swarenzeichen
memorial	memorandum	mémorial	Bittschrift
mercaderías	goods	marchandises	Waren
mercado libre	free market	marché libre	freier Markt
mercancía	goods, merchandise	merchandise	Ware
Ministerio de Hacienda	Exchequer Treasury	Ministére des Finances	Wirtschaftsministerium
ministro de Hacienda	Chancellor of the Exchequer Secretary of the Treasury	Ministre des Finances	Wirtschaftsminister
modelo	model	modéle	Muster, Modell
monopolio fiscal	fiscal monopoly	monopole fiscal	Steuermonopol
moratoria	moratorium	moratorium	Moratorium
morosidad	arrears of payment	morosité	Saumseligkeit
mutualidad laboral	mutual benefit society	mutuelle du travail	Arbeitsgesenseitigkeit

—N—

normas	policies	politique	Politik
negocio rentable	profitable business	affair rentable	rentabel Geschäft
neto	net	net	netto

—O—

obligación	bound, debenture	obligation	obligation
oferta	offer	ofre	Angebot
operación	operation	opération	Geschäft

Español	Inglés	Francés	Alemán
operaciones financieras	financial operations	opérations financiéres	Finanzgeschäfte
operaciones de crédito	lending operations	opérations de crédit	Kreditoperationen
orden	order	ordre	Berzahlung

P

Español	Inglés	Francés	Alemán
pagaré	IOW (Iowe you) promisory note	billet á ordre	Schuldschein
pago	payment	paiement	Bezahlung
pago al contado	cash	comptant	Barzahlung
paliar	to palliate	pallier	lindern
partida	entry	entrée	Buchungsposten
pasivo	liabilities	passif	Passiva
patente	patent	patente	Patent
patrimonio	patrimony	patrimoine	Vermögen
pedido	order	commande	Auftrag
peso	weight	poids	Gewicht
pérdidas	losses	pertes	Verluste
pignorar	to pignorate, to pawn	engager	verpfänden
planificación	planning	planification	Planung
plazo	term, dead line	terme	frist, termin
plusvalía	appreciation	accroissement	Wertsteigerung
poder	procuration, power of attorney	procuration	Vollmacht
política de ventas	sales policy	politique des ventes	Verkauf Politik
póliza	policy	police	Police
póliza de abono	payment policy	police de payement	Abonnementpolice
póliza abierta	open policy	police ouverte	offene Police
póliza forfait	forfait policy	police forfait	forfait Police
portador	bearer	porteur	Uberbringer
a porte debido	carriage forward	port dû	unfrankiert
a porte pagado	carriage paid	port payé	frankiert
precio en alza	rising price	prix á la hausse	preis
precio en curso	market price	prix du marché	Marktpreisen
prenda	pledge	gage	Pfaud
prescripción	prescription	prescription	Vorschrift, Verhährung
préstamo	loan	prêt	Anleihe
presupuesto	budget	budget	budget
prevención	prevention	prévention	Vorurteil
previsión	foresight	prévision	Voraussage
prima	premium	prime	Prämie

Español	Inglés	Francés	Alemán
principio	principle	principle	Prinzip
produccion	output	production	Produktion
productividad	productivity	productivité	Productivitat
productos	goods, commodities	produits	Produkt
propiedad industrial	industrial property	propiété industrielle	gewerbliches Eigentum
proveedor	suppliers	fournisseur	Lieferant
protesto de letras	protest of a bill	protester une lettre	Wechselprotest
provisión	stock, remittance of funds	provision	Deckung
publicidad	publicity	publicité	Werbung

Q

quiebra	bankruptcy	banqueroute	Bankrott

R

redescuento	rediscount	reéscompte	rediskont
registro mercantil	Commercial Register	Registre du Commerce	Handelsregister
regla	rule, regulation	réglement	norm, regel
reglamento	regulation	réglements	Verordnungen
renta	revenue	revenu	Einkommen
reservas	reserves	réserves	Reserven
riesgo	risk	risque	Risiko

S

Seguridad Social	Social Security	Securité Sociale	Sozialsicherheit
seguro	insurance	assurance	Versicherung
seguro de crédito	credit insurance	assurance de crédits	Kreditversicherung
seguro mutuo	mutual insurance	secours mutuel	Versicherungsverein auf Gesenseitigkeit
seguro a prima fija	fixed premium insurance	assurance de prime fixe	Prämienversicherung
seguro social	social insurance	assurance sociale	Sozialversicherung
seguro de transporte	transport insurance	assurance de transport	Transportversicherung
servicios	services	services	Dienstleistungen
sistema financiero	financial system	systéme financier	Finazsystem
sociedad	company	société	Gesellschaft
sociedad anónima, S. A.	joint stock company stock corporation	société anonyme, S. A.	Aktiengesellschaft, AG

Español	Inglés	Francés	Alemán
sociedad colectiva	partnership	société des personnes en nom collectif	Teilhaberschaft
sociedad en comandita	partner company	société en comandite	Partnerschaftgesellschaft
socio comanditario	sleeping, silent partner	associé commanditaire	Kommanditär stiller Teilhaber
sociedad limitada	limited liability company Ltd	société á responsabilité limiteé	Gesellschaft mit beschränker Haftung GmbH
suspensión de pagos	stop payments	susprende le paiement	die Zahlung einstellen

T

talón	cheque stub, counterfoil	talon de chéque	schecktalon
talón cruzado	crossed check	chéque croissé	gekreuzter Scheck
tanto por ciento	rate per cent	pourcentage	Prozentsatz
telex	telex	télex	telex
técnica	technic	technique	technik
tenedor	holder keeper	porteur, teneur	Buchhalter
teneduría	book keeping	tenue	Buchhaltung
tesorería	treasury	trésor, trésorerie	Schatzkammer
tipos de interés	interest rate	taux d'intéret	Zinsfuss, Zinssztz
título	security, bond	titre	Effekten
trabajo	work	travaille	Arbeit
tráfico	transaction	operation	Transaktionen
trafico mercantil	Commercial trade	trafic mercantile	offentlicher
trámites	formalities	formalité	Verkehr
transacción	transaction	transaction	Transaktion
transferencia	tranfer	tranfert virement	Banküberweisung
tributo	tax, contribution	tribut, impôt	Steuer

U

unificar	to unify	unifier	vereinheitlichen
utilidad	profit, utility	utilité	Nutzen
utillaje	equipment	outillage	Geräte

V

vacante	vacant	vacant	Unbesetzt
valor	value	valeur	Wert

Español	Inglés	Francés	Alemán
valores	securities, bonds	valeurs	Wertpapiere
valor declarado	declared value	valeur declarée	deklarierter Wert
vencimiento	maturity	échéance	Fälligkeit
velar por	to ensure	veiller	wachen
ventas al contado	cash sale	vente au comptant	Kassaverkäufe
ventas a plazos	instalment	ventes á crédit	Abzahlugsgeschäft
ventas a crédito	credit sales	ventes á credit	Ratenzahlungsgeschäft
ventas al por mayor	Wholesale	vente en gros	gross verkauf
ventas al detalle	sale by retail	vente au detail	Kleinverkauf
via de apremio	underduress	par contrainte	zwangsweise
visar	to visé, to countersign	viser	visieren
visado	visa	visé, visa	visum

IV SIGLAS Y ABREVIATURAS

AEB	— Asociación Española de Banca.
ALALC	— Asociación Latinoamericana de Libre Comercio.
AME	— Acuerdo Monetario Internacional.
ANGED	— Asociación Nacional de Grandes Empresas de Distribución.
BOE	— Boletín Oficial del Estado.
CAMP	— Caja de Ahorros y Monte de Piedad.
CEDIN	— Centro de Documentación e Información del Comercio Exterior.
CEE	— Comunidad Económica Europea.
CEPYME	— Confederación Empresarial Pequeña y Mediana Empresa.
CESCE	— Compañía Española de Créditos a la Exportación.
CTNE	— Compañía Telefónica Nacional de España.
ECU	— Unidades de Cuenta Europea.
EFTA	— Asociación Europea de Libre Comercio.
ICO	— Instituto de Crédito Oficial.
FDG	— Fondo de Garantía de Depósitos.
FMI	— Fondo Monetario Internacional.
GATT	— Acuerdo General sobre Aranceles y Comercio.
ICI	— Instituto de Cooperación Iberoamericana.
IEME	— Instituto Español de Moneda Extranjera.
IMAC	— Instituto de Mediación y Arbitraje.
INFE	— Instituto Nacional de Fomento a la Exportación.
INI	— Instituto Nacional de Industria.
IRESCO	— Instituto de Reforma de Estructuras Comerciales.
IVA	— Impuesto Valor Añadido.
MCE	— Mercado Común Europeo.
PIB	— Producto Interior Bruto.
PYMES	— Pequeñas y Medianas Empresas.
SIB	— Servicio de Información Bursátil.
SME	— Sistema Monetario Europeo.
SMMD	— Sociedades Mediadoras en el Mercado del Dinero.
UGT	— Unión General de Trabajadores.

a.c.	— año corriente.
a/cta.	— a cuenta.
admón.	— adm nistración.
a/f.	— a favor.
art.	— artículo.
a/v.	— a vista.
Bco.	— banco.
cgo.	— cargo.
c.d.v.	— cuenta de venta.
cta.	— cuenta.
c/c.	— cuenta corriente.
Cía.	— compañía.
c.i.f.	— coste, seguro y flete pagados.
cte.	— corriente.
c/l.	— curso legal.
cm.	— centímetro.
d/v.	— días vista.
Drs.	— derechos.
f.m.	— fin de mes.
f.o.b.	— franco a bordo
gral.	— general.
m/c.	— mi cuenta.
m/cgo.	— mi cargo.
n/	— nuestra.
n/c.	— nuestra cuenta.
n/g.	— nuestro giro.
n/o.	— nuestra orden
n.º, núm.	— número.
p.a.	— por autorización.
p.d.	— posdata.
p. ej.	— por ejemplo.
p.p.	— por poder.
%	— por ciento.
P.S.	— post scriptum.
Rbí.	— recibí.
s/c.	— su cuenta.
s/g.	— su giro.
s/L.	— su letra.
v.g.	— verbigracia.
V.º B.º	— visto bueno.
vto.	— vencimiento.

INDICE

Págs.

Págs.